지피지기 자동차 마케팅

知彼知己 자동차 마케팅

김상대 지음

치열한 경쟁이 벌어지고 있는 격동의 시기에
현대자동차를 세계 일류의 자동차 전문기업으로 만들기 위해
동분서주하고 계신 정몽구 회장님과 함께 땀흘리고 있는 5만여 임직원,
30여만 명의 협력업체 가족들에게 이 책이 조금이나마 도움이 되기를 바라며…….

책머리에

　　10년이면 강산이 변한다고 했던가. 자동차 회사에서 근무한 기간도 10년을 눈앞에 두고 있다. 어렵고도 재미있다는 자동차 상품개발 업무를 담당하는 행운을 얻은 지도 벌써 6년이 되었다. 신입사원 시절에 무슨 일을 하는지 한 권의 책을 낼 수 있을 정도로 맡은 바 업무를 열심히 수행하겠다는 각오를 했고, 나 자신과의 그러한 약속을 실천하려는 노력의 결과가 바로 이 책이다.

　　자동차 마케팅은 무(無)에서 유(有)를 창조하는 일이다. 자동차라는 상품을 개발하는 과정은 '움직이는 탈 것'이라는 추상적 개념을 바탕으로 철판과 같은 단순한 재료에 기능과 가치와 이미지를 부여하여 거리를 활보하는 실체를 만들어내는 과정이라고 할 수 있을 것이다. 이러한 마케팅 업무를 수행하면서 조그만 성취감을 맛볼 수 있었으며 적지 않은 좌절을 겪기도 했다. 한 마디로 자동차는 땀과 열정의 결정체라고 할 수 있다. 자동차를 사랑하는 무수히 많은 사람들의 땀과 열정에 의해서 탄생하기 때문이다.

　　자동차 상품개발과 관련된 마케팅 업무를 수행하면서 많은 사람들을 만났다. 그런데 놀랍게도 자동차 회사에 함께 근무하는 타부서의 직원들조차 자동차 마케팅에 대해서는 잘 모르고 있는 경우가 많았다. 이런 형편에 일반인들이 자동차 회사의 거대한 빌딩 속에서 바쁘게 움직이는 사람들이 무슨 일을 하고 있는지, 어떤 과정을 거쳐서 자동차가 탄생하는지 궁금해하는 것은 새삼 말할 나위도 없다. 이 책은 이런 의문에 대한 답이 될 수 있을 것이다.

국내의 자동차 등록대수가 1000만 대를 돌파한 지도 몇 년이 지났다. 자동차는 이제 일상생활의 필수 도구가 되었고, 인터넷에 이어 성인 남자들의 두 번째 대화 주제로 떠오를 정도라고 한다. 그렇지만 국내에서 자동차 마케팅에 대해 서술한 책은 찾아보기 힘들다. 마케팅 일반론에서 자동차 관련 사례를 일부 수록한 경우는 있지만, 자동차 마케팅에 대해 구체적으로 다룬 예는 거의 없다.

매일 수천만 명이 다양한 목적으로 자동차를 이용하고 있을 뿐만 아니라 국가 경제의 근간으로서 전후방 연관 효과가 큰 자동차 산업의 특성 때문에 10명의 노동자 중 1명이 자동차 관련 업무에 종사하고 있다고 한다. 이처럼 자동차가 우리 생활에서 차지하고 있는 영향력에 비해 자동차 마케팅에 대해 서술한 책이 적다는 점은 나에게 적잖은 자극을 주었다.

다행히 현대자동차에 몸담고 있기 때문에 자동차 개발을 둘러싸고 벌어지는 생생한 사례를 많이 목격할 수 있었고, 이러한 사례를 중심으로 자동차 마케팅에 대해 정리하고 싶었다. 이웃 일본이나 미국의 경우 자동차 마케팅에 관한 전문서적이 많이 출간되고 있다. 국내에서도 앞으로 자동차 마케팅에 관한 책이 많이 출간되어 자동차 산업과 마케팅을 이해하는 데 도움이 되기를 기대하며 부끄럽지만 이 책을 내놓게 되었다. 나의 책이 더 좋은 자동차 마케팅 관련 서적이 나오는 계기가 되기를 바란다.

길지 않은 기간에 얻어진 경험과 깊지 못한 지식을 바탕으로 했기 때문에 책의 내용 중 만족스럽지 못한 점도 있을 것으로 생각된다. 하지만 사례를 중심으로 서술하는 등 나름대로 객관성을 띄도록 노력했다. 아울러 기존 마케팅 서적이나 자동차 관련서 등을 많이 참조하고 인용했다.

이 책의 주요 내용은 마케팅 활동을 수행하는 과정에서 발생하는 사례가 중심이 되고 있다. 특히 자동차 개발 과정의 재미있는 에피소드를 많이 담으려고 했다. 그래서 일반인들은 재미있게 읽고 쉽게 이해할 수 있으며, 마케팅을 전공하는 학생들도 자동차 마케팅의 한 단면을 이해할 수 있을 것으로 확신한다. 자동차 산업과 자동차 생활에 관심을 가진 독자들에게 자동차 마케팅을 이해하는 유용한 도구가 되기를 바라는 마음 간절하다.

먼저 보잘것없는 원고를 쾌히 받아들여 책으로 나올 수 있도록 도움을 준 '새로운사람들' 출판사에 감사를 드린다. 자동차 마케팅이 지향해야 할 방향을 가르쳐 주신 현대자동차의 전현찬 부사장님, 기아자동차의 김중성 부사장님, 현대자동차의 김인서 이사님, 최순철 이사님, 김진권 이사님, 이종우 부장님, 최 인 부장님께도 감사를 드린다. 원고 내용이 풍부해지도록 많은 충고로 격려해준 이호창 대리, 정광락 대리, 강성진 씨에게도 고마움을 전하고 싶다. 차득용 과장, 조성균 대리, 이윤수 대리, 김익훈 대리, 진성일 씨 등 함께 근무하고 있는 팀 동료들의 도움이 있었기에 더욱 설득력 있는 내용을 이 책에 담을 수 있었다. 이들은 모두 자동차를 사랑하는 뜨거운 마음으로 나의 작업에 많은 관심을 보여 주었다. 끝으로 퇴근 후 밤늦게까지 이 책을 쓸 수 있도록 배려를 아끼지 않은 사랑하는 아내 백지원과 항상 밝고 맑은 웃음으로 행복을 가져다 주는 사랑하는 아들 윤홍, 딸 유진이에게도 고마움을 표시하고 싶다.

2001년 4월

김상대

차 례

책머리에 · 6

제1장 자동차도 패션이다

자동차와 칼라 마케팅 · 15
빨간색 그랜저와 은색 티뷰론 · 20
자동차는 변신의 천재 · 26
자동차, 어디까지 진보할까 · 33

제2장 브랜드 이야기

이름이 수명까지 좌우한다 · 41
EF, XG, XD와 프라이드 · 47
토요타와 현대의 같은 목표, 다른 경험 · 52
농경민족형 도요타, 기마민족형 닛산 · 59
'휸다이'를 아십니까? · 66

제3장 선도자의 법칙

최초를 향한 노력이 최고의 브랜드를 낳는다 · 75
더 좋은 것보다는 맨 처음이 낫다 · 82
봉고가 아니라 스타렉스라구요 · 87
혹독한 시험과 좋은 자동차 · 94

제4장 선택과 집중
스즈키의 한 우물 파기 · 103
마케팅에 강한 대우? · 109
혼다의 집중력 · 116
위대한 협력의 산물, 모순과 배반의 덩어리 · 123
에쿠스 같은 베르나는 불가능하다 · 127

제5장 멀어질 수 없는 시장
왜, 경차를 사세요? · 135
마티즈의 역사성 · 141
마케터와 현장 · 145
2륜구동과 4륜구동 · 149
누가 사서, 누가 탈 것인가? · 154
정확한 현실 인식과 수요 예측 · 160

제6장 현장을 읽는 마케팅
영업사원의 영향으로부터 자유로운 싼타페 · 169
유통 채널과 인터넷 자동차업체 · 175
진정한 소비자 보호 · 180
숲을 보는 마케팅 · 186
품질의 다양한 측면 · 192

제7장 보이지 않는 뿌리
딤채에서 배우는 구전 마케팅 · 199
토요타의 카롤라와 닛산의 서니 · 205
보안과 홍보는 동전의 양면 · 211
구세주냐 저승사자냐 · 216

제8장 자동차도 문화상품이다
미국인들은 왜 경트럭을 선호하는가? · 223
아반떼투어링은 왜 인기가 없었을까 · 227
끼워 팔기와 주문 생산 · 232
정책에 울고 웃는 LPG · 237
국가경제와 자동차 마케팅 · 243

제9장 리베로 개발 사례와 자동차 마케팅 프로세스
암중모색 · 249
애물단지 · 256
실낱 희망 · 263

1

자동차도 패션이다

자동차와 칼라 마케팅

　　　　코카콜라는 미국 자본주의의 상징이다. 미국 대사관이 없는 나라에도 코카콜라는 맥도날드와 함께 진출한 곳이 많다. 코카콜라를 상징하는 것은 적색이다. 검붉은 빛의 콜라와 함께 코카콜라의 상표도 적색이다. 젊음과 정열을 상징한다. 적색을 보면 코카콜라라는 것을 알 수 있다. 펩시콜라는 청색이다. 청색 상표를 사용한다. 적색과 대비가 되어 고객들에게 자사의 이미지를 빠르게, 그리고 차별되게 전달할 수 있기 때문이다.

　　코닥필름은 노란색 일색이다. 필름을 포장하고 있는 박스는 물론 필름 표지 디자인 칼라도 노란색이다. 복잡한 졸업식장에서 노란색 깃발을 찾으면 코닥을 구입할 수 있다. 후지필름은 녹색이다. 녹색은 생명과 자연을 상징하는 칼라일 뿐더러 노란색의 코닥과 극명히 대조되기 때문이다.

현대자동차의 심벌마크와 로고는 청색이다. 반면에 기아자동차는 현대와 차별화 되는 이미지를 전달하기 위해 적색을 사용한다. 칼라는 이미지를 결정한다. 그래서 칼라 마케팅이 중요시되고 있다. 회사들이 자사의 엠블렘(emblem)이나 상표, 포장을 특정 칼라로 명확히 홍보하듯이 자동차 메이커들도 신차를 런칭할 때 칼라를 중요시한다. 자동차의 바디 칼라가 차량 판매에 미치는 영향이 더욱 커지고 있기 때문이다.

바디 칼라가 고객의 제품 구매에 어떻게 영향을 미치는가에 대해 정확한 설명 자료는 없다. 고객들은 저마다 독특한 취향을 갖고 있기 때문이다. 그러나 칼라가 중요하다는 것은 의심할 여지가 없다.

미국의 여론조사 회사인 얀케로비치 & 파트너(Yankelovich & Partners)사는 약 40퍼센트의 미국 소비자가 "원하는 칼라의 자동차를 구매할 수 없으면 브랜드를 바꾸겠다"고 밝힌 최근의 조사 자료를 내놓고 있다.

그래서 자동차 메이커의 칼라 담당자들은 오늘도 열심히 새로운 칼라를 찾고 있다. 칼라와 질적 미학은 스타일링, 실내편의장치 등과 어울려서 브랜드 특성을 결정짓거나 제품 차별화를 꾀하는 데 결정적인 요소가 된다. 코카콜라와 코닥의 성공도 이러한 측면에서 해석하기도 한다.

자동차에 칼라 마케팅 개념을 최초로 도입한 것은 GM이었다. GM은 칼라를 전략적 수단으로 활용했다. 그래서 시장점유율 게임에서 선두주자인 포드(Ford)를 누르고 승리한 칼라 전쟁의 고전적인 사례를 만들었다.

1908년부터 생산된 포드의 모델 T는 실용적이고 대중적인 자동차

GM은 칼라 마케팅을 자동차에 처음으로 도입했다. 사진은 시보레 코르벳 컨버터블.

였다. 자사 노동자들이 충분히 구입할 수 있는 저렴한 가격의 보급형 자동차를 만들겠다는 헨리 포드의 야망이 실현되어 엄청나게 팔려나갔다. 1920년대 말 단종될 때까지 1500만 대나 팔렸다. 초기에 폭발적인 인기를 끌던 모델 T에 대한 만족도와 선호도는 미국인들의 생활 수준이 점차 높아짐에 따라 현저히 떨어졌다. 헨리 포드는 고객의 기호 변화에 부응할 수 있는 새로운 디자인의 개발보다는 생산 단가의 절감에만 집착했다.

1923년 GM의 사장으로 취임한 알프레드 슬론은 해마다 외관 스타일링과 칼라가 다양한 시보레(Chevrolet) 모델을 출시하도록 했다. 날렵하고 칼라가 다양한 시보레가 등장하자 모델 T는 순식간에 시장에서 퇴출당하고 말았다.

국내 자동차 시장에서도 바디 칼라로 성공한 사례는 많다. 마티즈는 자동차 시장에 금모래색 바람을 일으키며 경차 시장을 주도하고 있다. EF쏘나타의 성공은 방향에 따라 다르게 보이는 진주빛 칼라의 영향을 크게 받았다. 경제적으로 부유한 계층이 선택하는 그랜저XG

'신세대 신감각'이라는 기치 아래 1994년 출시된 엑센트는 칼라마케팅의 실패 사례로 손꼽힌다.

는 베이지색 투톤을 적용해 대형차에 적용되는 칼라 선택의 폭을 넓혔다는 평가를 받고 있다. 과거 대형차는 검은색 일색이었다. 순홍색 티뷰론은 정열적인 주행을 상징하며 스포츠카 이미지를 강화시켰다. 1톤 트럭인 포터는 진청색을 적용해 트럭 칼라의 대명사를 청색으로 만들었다. 한국 SUV 자동차의 신기원을 이룩한다는 사명을 띠고 출시된 싼타페의 경우 독특한 갈대색이 많이 팔리고 있다. 갈대색은 싼타페의 근육질 디자인을 더욱 돋보이게 만들어줌으로써 고객들로부터 크게 호평을 받고 있다.

'신세대 신감각'이라는 기치 아래 1994년 출시된 엑센트는 칼라마케팅의 실패 사례로 손꼽힌다. 당시로서는 혁신적인 연보라, 연녹색, 연홍색 등 다양한 칼라를 적용했다. 하지만 주력구매계층에게 전혀 설득력이 없었다. 바디 칼라 자체는 좋은 시도였으나 칼라 질감이 나빠 사구려 차라는 이미지를 주었다. 동일한 칼라를 적용하더라도 차종에 따라, 페인트의 질감에 따라 느낌이 판이하게 다르기 때문이다. 우리 나라 자동차 품질 수준이 높아지기 위해서는 관련 부품산업의 발전이 필요한 이유도 여기에서 나온다. 현대자동차에서 페인트까지 개발할 수는 없기 때문이다. 엑센트는 미국 프로 농구선수인 타이론 보그스를 동원한 '야무지고 강한 차'라는 캠페인과 함께 바디 칼라도 보수적인 흰색, 감은색 계통으로 대폭 바꾼 이후 성공했다.

이처럼 바디 칼라는 차량의 성공과 실패에 지대한 영향을 미친다. 최근에는 자동차를 구입할 때 여성들의 영향력이 더욱 커지고 있어 이들의 심리와 시대적 분위기를 반영한 칼라 개발에 메이커들이 열을 올리고 있다. 그래서 가전제품, 의류, 가구류 등의 칼라 변화를 민감하게 체크한다. 칼라를 개발하고 칼라에 대해 고민하는 연구소의 칼라 개발부서는 오늘도 새로운 칼라, 적용되는 차종에 가장 적합한 칼라를 찾아내기 위해 동분서주하고 있다.

빨간색 그랜저와 은색 티뷰론

지난 1998년 2월 신차 개발과 관련한 조사를 위하여 네덜란드를 방문한 적이 있다. 스키폴 공항을 빠져 나와 현지 딜러를 방문하기 위해 시내로 들어갈 때 곳곳에서 목격되는 진홍색 스타렉스가 참으로 인상적이었다. 스타렉스는 유럽시장에 매년 3만 대 가량 수출되고 있었으며 특히 네덜란드가 유럽 제1의 시장이었다. 내가 스타렉스를 보고 놀란 것은 많이 목격할 수 있어서라기보다 바디 칼라가 빨간색 일색이었기 때문이다.

국내시장에서도 스타렉스는 매년 7만 대 가량 판매되고 있다. 최근에는 전차종 판매 1위를 기록하기도 하는 등 인기를 누리고 있다. 그런데 국내에서는 빨간색이 별로 판매되지 않는다. 코카콜라코리아에서 자사 홍보용 차로 주문한 칼라 이외에는 거의 없다. 유럽에서는 진홍색, 진청색, 진노랑 등 원색 계통의 자동차 칼라에 대한 선호도가 높다. 미국도 이와 유사한 경향이 강하다.

하지만 국내시장에서는 이러한 원색 계통 칼라를 적용한 자동차의 판매가 극히 미미하다. 티뷰론은 진홍색을 이미지 칼라로 내세웠는데도 진홍색 칼라 선택 비율은 10퍼센트 내외일 뿐이다. 최근 LG에서 진홍색 휴대폰을 출시하여 여성들로부터 선풍적 인기를 얻고 있다는 보도가 있었지만, 자동차는 아니다. 자동차를 구입할 때 여성들의 영향력이 증대하고 있기는 해도 여전히 보수적이고 무난한 칼라를 좋아한다.

얼마 전 시내에서 여성 운전자가 빨간색 그랜저XG를 운행하고 있는 것을 목격했다. 그랜저XG는 빨간색 칼라로 판매되지 않고 있어서 의외였다. 알고 보니 H화장품 회사에서 탁월한 영업 실적을 기록한 판매원들에게 빨간색 차량을 포상으로 제공한 것이었다. 자사 홍보를 위해 빨간색으로 특별히 주문하여 도색을 한 것이었다. 그런데 빨간색, 그것도 소형차가 아닌 빨간색 대형차를 보고 저마다 운전자에게 한 마디씩 했다. '어디 정신이 이상한 여자 아니냐?'는 식으로. 이처럼 국내시장에서는 빨간색 등 원색 계통에 대해 부정적이다.

2000년 11월 중순 남양연구소에서 1톤 트럭인 리베로에 적용할 예정인 신규 바디 칼라 품평이 있었다. 노란색, 녹색 및 적색 계통의 칼라가 후보로 나왔다. 국내팀에서는 당연히 녹색 계통을 선택했다. 노란색, 적색보다는 녹색이 무난하고 시장에 먹혀들 것이기 때문이다. 수출팀에서는 뒤늦게 적색을 선택하겠노라고 주장했다. 리베로가 주로 수출되는 유럽에서는 적색이 기본 칼라라는 이유였다.

생산 설비의 제한 때문에 1개 칼라만 선택할 수밖에 없어서 수출팀의 주장은 관철되지 못했다. 이처럼 칼라를 둘러싼 선호도는 지역

우리 나라의 경우 대형차들은 권위를 상징하는 검은색 일색이다. 사진은 현대의 그랜저XG.

별로 다르다.

국내 시장에서 가장 인기 있는 칼라는 무채색 계통이다. 무난하고 점잖은 칼라를 선호하며, 요란하고 눈에 띄는 원색 계통을 싫어한다. 중고차를 처분할 때 문제가 될 수 있기 때문에 그런 점도 있다. 어쨌든 개성을 존중하고 자기 잘난 맛에 사는 유럽과는 다르다. 흑백 논리를 좋아하는 국민성 때문인지 흰색 아니면 검은색 일변도다.

백의민족이어서 그런지 중소형의 경우 흰색을 가장 많이 선호한다. 아토스, 베르나, 아반떼XD, EF쏘나타는 예외 없이 흰색 계통이 가장 많이 판매되고 있다. 대형차들은 권위를 상징하는 검은색 일색이다. 그랜저XG는 베이지 칼라를 대표 칼라로 적용하며 이미지 변신을 꾀하고자 노력했으나 여전히 검정이 60퍼센트를 차지하고 있다. 다이너스티, 에쿠스도 검은색 판매 비중이 가장 높다. 트라제, 스타렉스 등 RV 차량들은 연회색이나 은색 계통의 바디 칼라가 선호되고 있다. 게다가 티뷰론도 은색이 가장 많이 판매되고 있다.

투톤(two tone)으로 구분된 바디 칼라도 한국적 현상이다. 칼라

은색 바디 칼라가 가장 많이 판매되고 있는 현대의 티뷰론.

를 담당하는 부서에서는 애당초 EF쏘나타나 마르샤에는 투톤이 어울리지 않는다고 했다. 제품 이미지 상 부적합하다는 것이었다. 하지만 마르샤는 투톤이 50퍼센트 이상 판매되었고 EF쏘나타의 투톤 칼라도 적지 않게 팔리고 있다. 투톤은 여성들의 투피스에 비유될 수 있다. 아래위 색상이 다른 투피스가 자동차의 투톤 칼라인 것이다.

유럽이나 미국에서는 투톤 칼라가 거의 없다. 이들 지역에서는 원색 계통의 단색 바디 칼라를 선호한다. 반면에 일본에서는 레저 차량을 중심으로 투톤 칼라가 많이 판매되고 있다. 아기자기하게 꾸미기를 좋아하는 일본인들의 국민성이 자동차에도 그대로 표현된 것이다.

신차 출시 때마다 마케팅부서와 연구소의 칼라 개발부서는 바디 칼라 선정을 두고 한바탕 소동을 벌인다. 2~3가지의 칼라를 선정하기 위해서 무수히 많은 사전 검토를 거친 후 20~30대의 실제 차량을 제작한다. 사진이나 그림을 통해 보는 칼라와 차량에 도색된 칼라는 느낌이 다르기 때문이다. 차에 직접 칠해보지 않고는 정확한 의사결정을 하기 어렵다. 칼라 결정을 위한 품평용 차량 준비를 위해 칼라 개발부서는 밤새 차량의 광을 내고 윤을 내기 위해 고생한다. 자동차에 실제로 적용될 칼라를 결정하는 날짜를 정하는 것도 쉽지 않다. 같은 칼라라도 날씨에 따라서 느낌이 다르기 때문이다. 칼라 결정은 맑고 청명한 날씨가 좋다.

　이러한 준비 과정은 수개월이 걸리지만, 실제 적용될 칼라를 결정하기 위한 평가는 30분도 채 걸리지 않고 끝이 난다. 하나의 바디 칼라가 탄생하는 데도 이처럼 보이지 않는 과정은 엄청나다. 평가 및 선택을 위해서 제작된 독특한 칼라의 자동차를 뒤처리하는 것도 큰 숙제다. 할인해서 판매하는 것이 일반적인 방법이지만, 이 또한 쉬운 일은 아니다. 빨간색이나 노란색 등 원색의 칼라가 도색된 차량은 장기 재고로 남아 골치 거리가 되기도 한다.

　국내 고객들의 독특한 취향을 둘러싸고 칼라 개발부서와 마케팅부서 사이에 논쟁도 벌어진다. 칼라 개발부서에서는 세계적인 칼라 트렌드와 전자 제품 등 다른 업종의 경향, 출시될 차량의 컨셉과 이미지를 고려해 다양한 칼라를 후보로 개발한다. 반면에 마케팅부서에서는 혁신적인 칼라보다는 시장 지향적인 칼라를 선호한다. 보수적인 국내시장의 고객들을 고려해서 무난한 선택을 원한다. 너무나 보수적인 것이 아니냐는 비난을 받기도 하지만 모험을 꺼린다. 칼라 개발부서에서는 마케팅부서의 보수성을 원망하기도 한다. 마케팅부서에서 의도적으로 고객들을 보수적인 칼라로 유도하는 것이 아니냐고 의심의 눈초리를 보내기도 한다. 그렇지만 칼라 개발부서에서도 판매를 담당하는 부서의 의견을 반영하기 위해 노력하지 않을 수 없다. 시장 지향적이어야 성공할 수 있기 때문이다. 칼라 개발부서와 마케팅부서가 국내 고객들의 칼라 선호도를 바꾸려고 노력해도 효과가 없는 경우가 많았으니까.

  국내 자동차 칼라가 더욱 개선되기 위해서는 듀퐁(Dupon)과 같은 세계적인 페인트 제조업체가 한국에도 탄생해야 한다는 것이 상품 개발 담당자로서의 소망이다. 품질이 만족스럽지 못한 페인트로 보기 좋고 오랫동안 변색이 되지 않는 바디 칼라의 자동차를 만들어내는 것은 너무나 어렵기 때문이다. 개방적이고 개성적인 시대 문화와 함께 다양한 칼라의 자동차가 국내 도로를 질주하는 날이 빨리 오기를 기대한다.

자동차는 변신의 천재

뉴EF쏘나타가 출시된 직후, 옵티마를 구입한 고객으로부터 항의하는 말투의 전화를 받은 적이 있다. 오랜 고민 끝에 옵티마를 장만했는데, 옵티마를 구입하자마자 뉴EF쏘나타가 출시되어 자신의 옵티마가 구형 모델이 된 느낌이라는 불만 섞인 목소리였다. 사실 뉴EF쏘나타와 옵티마는 엔진, 셔스펜션 등 차량의 기본이 되는 동력전달시스템과 샤시가 동일하다.

EF쏘나타를 기본으로 성능 개선과 외관을 변경한 모델을 두 가지 개발하여 하나는 기아에서 옵티마란 브랜드로, 다른 하나는 현대에서 뉴EF쏘나타란 명칭으로 출시했기 때문이다. 현대·기아의 이러한 승용차 판매 전략에 대해서 일부 소비자들이 불만을 제기하고 있는데, 전화의 고객도 그 중의 하나였다.

국내 승용차들은 신차의 출시에서부터 단종에 이르기까지의 라이프사이클이 5~6년 정도 된다. 예를 들어 1995년 3월에 처음 출시된 아반떼의 후속 모델인 아반떼XD가 선보인 것은 2000년 6월이었다. 이와 같이 국내 승용차들은 5~6년의 수명 주기를 가지고 있다.

그리고 신차가 출시된 이후 3년째 되는 해에는 통상 '페이스 리프트(Face Lift)'라는 내·외관 변경 모델이 개발된다. 옵티마와 뉴EF쏘나타도 EF쏘나타가 등장한 1998년 1월 이후 3년째 되는 해에 출시된 것이다. 따라서 옵티마와 뉴EF쏘나타는 EF쏘나타의 페이스 리프트 모델이라고 할 수 있다.

해외에서도 옵티마와 뉴EF쏘나타처럼 거의 동일한 모델이지만 외관 변경을 통해 각각 다른 메이커에서 판매하는 경우가 많다. 예를 들어 토요타의 소형 미니밴인 매트릭스(Matrix)를 GM에서 라디에이터그릴 등 일부만 변경하여 바이브(Vibe)란 이름으로 판매하는 경우다. 폭스바겐의 폴로(polo)와 루포(lupo)도 아우디 A2와 동일한 차체 베이스를 가지고 있다.

일반적으로 페이스 리프트에서는 주로 승용차의 앞뒤 모습을 결정하는 램프, 라디에이터그릴, 범퍼와 내부 칼라, 디자인 등이 변경되거나 엔진 계통의 성능 개선이 이루어진다. 더러는 신차에 반드시 반영하려고 했다가 개발 및 시험 기간 등의 문제로 적용시키지 못한 것을 장착하는 경우도 있다. 이러한 페이스 리프트도 거의 신차 개발에 버금가는 시간이 소요된다. 따라서 신차가 출시된 직후부터 페이스 리프트를 위한 업무가 추진된다고 할 수 있다.

페이스 리프트가 3년 만에 실시하는 것이라면 페이스 리프트 전후 1~2년 사이에 등장하는 부분 변경 차량을 '모델 이어(Model Year)'라고 한다. 모델이어는 통상적으로 몇 년형이라는 명칭으로 불리어

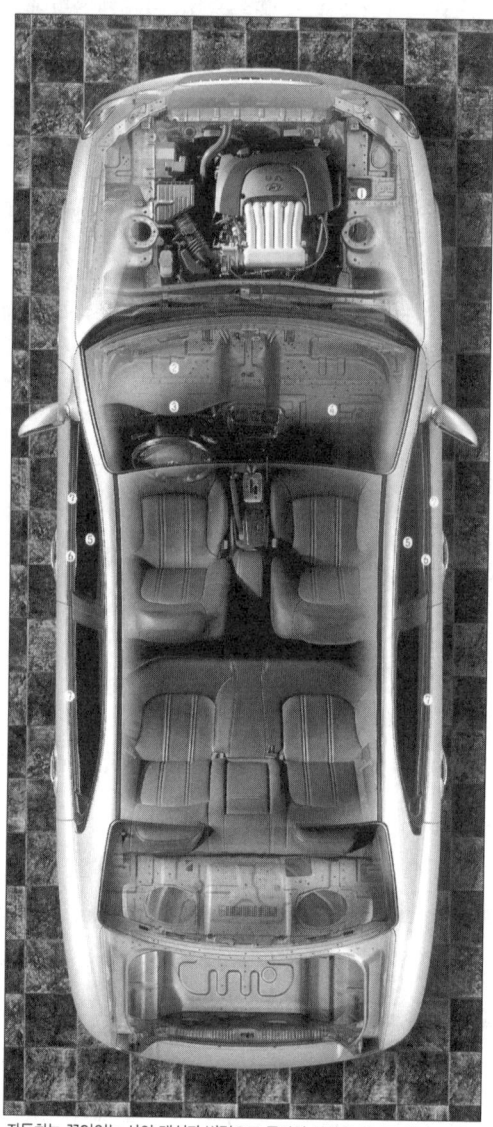

자동차는 끊임없는 사양 개선과 변경으로 동일한 차량은 하나도 없다고 해도 과장이 아니다.

진다. 예를 들어 '2001년형 베르나', '2002년형 라노스' 하는 식이다. 모델이어는 페이스 리프트보다 소폭으로 변경되는데 바디 칼라, 휠커버, 시트패턴, 기타 실내 편의사양 중심으로 바뀐다. 보통 1년 정도의 준비 기간이 소요되는 것으로 단기적인 제품 개선이나 소폭의 외관 이미지 변경이 주목적이라고 할 수 있다.

신모델 출시 이후 지속적으로 추진되는 것으로 '사양 변경(Engineering Change)'이 있다. 완벽을 기해 설계·개발·생산·판매된 차량이라도 출시된 이후에 문제를 일으키는 경우가 많다. 그리고 개발 시점에는 없었던 신소재나 기술 발전에 따라 더 좋은 재료가 등장하는 사례도 있다. 또 소음이나 진동, 승차감 등 사용하는 고객들이 제기하는 문제점도 해결할 필요성이 있다. 이런 사양 변경은 지속적으로 그 모델의 성능이나 품질을 향상시켜 수명을 연장시키는 데 도움을 준다. 수많은 차가 생산되고 있지만 끊임없는 사양 변경으로 인해서 동일한 차량은 하나도 없다고 해도 과장이 아닐 것이다.

신형 승용차가 탄생되면 1차 모델 이어, 페이스 리프트, 2차 모델 이어, 단종의 순으로 라이프사이클이 형성된다. 자동차 메이커에서 이러한 모델 이어와 페이스 리프트를 하는 이유는 여러 가지가 있다. 그 중에서 가장 중요한 이유는 신선한 이미지를 유지하고 차량의 수명을 연장하기 위한 것이다.

물론 일부 소비자들이 불만을 제기하는 것처럼 메이커에서 가격을 조정하기 위한 수단으로 모델 이어와 페이스 리프트를 이용하는 경우도 생각해볼 수 있다. 하지만 소비자들에게 새로운 이미지를 부여함으로써 구매동기를 유발하여 판매를 더욱 신장시키는 것이 가장 중요한 이유라고 할 수 있다.

최근 여러 조사에서 나타난 것처럼 승용차를 구매할 때 디자인을 가장 중요시하고 있다. 어떤 문화평론가는 자동차를 '성인 남자의 장난감'이라고 주장한다. 아이들이 장난감에 금방 싫증내고 새 것을 사달라고 떼를 쓰듯이 자동차의 디자인에 대한 집착도 동일하다는 것이다. 여자들이 계절이 바뀌면 새 옷을 구입하는 심리와 마찬가지로 승용차를 패션으로 생각한다는 분석도 있다. 남자들이 자동차를 통해 패션 욕구를 과시한다는 주장이다. 더구나 "일부일처제도 아래서 부인을 바꾸거나 여러 명을 거느릴 수 없으므로 자동차를 교체하면서 부인을 바꾸는 것과 동일한 기분을 느낀다"는 재미있는 주장도 있다.

소비자들은 대개 자동차의 디자인을 차량의 구조나 기능과 관계없는 외형상의 옷 입히기 정도로 인식하고 있는데, 이것은 커다란 오해다. 디자인이나 스타일은 차량의 구조와 기능의 변화와 함께 진보를 거듭해 왔으며, 이러한 구조가 외부로 표현된 것이라고 할 수 있다. 이것은 반도체 기술의 발전에 따라 작고 깜찍한 디자인의 휴대폰이 등장하는 것과 다를 바 없다. 이런 사실은 미국 영화에 등장하는 1920년대의 승용차와 현재의 차량을 비교해 보면 쉽게 이해할 수 있다.

경쟁사의 신형 차를 견제하기 위한 마케팅 전략도 모델 이어나 페이스 리프트에 포함되어 있다. 경쟁사의 신형 모델이 출시될 경우 페이스 리프트나 모델 이어를 통해 이에 대응하지 않으면 판매가 줄어들 가능성이 높기 때문이다. 자동차 메이커들이 비슷한 시점에 경쟁적으로 몇 년형 모델을 동시에 발매하는 경우가 많은 것도 이런 이유 때문이다.

품질개선, 원가절감, 성능향상, 국산화, 공정개선, 고객욕구 반영 등을 목적으로 필요에 따라 차량의 부품을 변경해야 하는 경우도 있다. 이러한 변경 내역을 한꺼번에 모아서 모델 이어나 페이스 리프트 등 특정 시점에 실시하는 것이 여러 가지 측면에서 유리하다.

예를 들어 차량의 외관 판넬을 찍어내는 금형이 닳아서 노후화 될 경우에는 금형 자체를 변경하면서 외관 판넬도 바꾸어주는 식이다. 일반적으로 판넬을 찍는 금형은 40만~50만 번 이상 사용할 경우 품질에 문제를 일으키는 것으로 보고 있다. 베르나의 경우 국내 수요와 수출 물량을 합쳐서 연간 20만 대 내외가 판매되므로 2년 6개월이면 일부 금형에 문제가 생길 수 있다는 결론에 도달한다.

모델 이어나 페이스 리프트를 실시하기 위해서는 수억 원에서 많게는 200억~300억 원까지 자금이 소요되고 막대한 인력이 동원된다. 따라서 잦은 모델 변경은 막대한 비용 상승을 유발할 수밖에 없다. 모델 변경이 빠를수록 모델 당 생산대수가 적어져 개발비용의 회수가 어려워지기 때문이다.

그럼에도 불구하고 자동차 메이커에서 이러한 활동을 할 수밖에 없는 것은 판매의 사활이 걸려 있기 때문이다. 특히 근래에 들어 자동차 메이커들 사이의 기술력이 평준화되고 새로운 모델이 빈번하게 개발, 출시되면서 외관 디자인의 영향이 더욱 커지고 있다. 기능과 성능, 유지비, 가격도 중요하지만 외관 스타일이 승용차 구매에 절대적인 고려 요인으로 작용하게 된 것이다.

말하자면 시장 상황이 비가격(非價格) 경쟁으로 변화되면서 자동차도 의복과 같이 패션으로 받아들여지는 경향이 강해지는 추세라고 할 수 있다. 치열하게 경쟁하는 시장에서 생존하기 위해서는 불가피하게 기존의 차에 새로운 이미지를 주기 위한 노력이 필요하고, 이러한 노력이 모델 이어나 페이스 리프트의 형태로 나타나는 것이다. 그렇다고 해서 모델 이어나 페이스 리프트에서 외관 위주의 변경만을 추구하는 것은 아니며, 성능 및 기능 개선 등 보이지 않는 부품의 품질 향상 노력도 빠지지 않는다고 할 수 있다.

자동차, 어디까지 진보할까

승용차는 고가의 내구재다. 주택을 제외하고 일반 소비자들이 구입할 수 있는 가장 비싼 제품이다. 사고 방식과 사회 환경의 변화로 내 집 마련보다 승용차를 먼저 구입하는 것을 당연한 사실로 받아들이기 시작한 지 오래다. 그만큼 자동차는 현대 생활에서 없어서는 안될 정도로 중요한 위치를 차지하고 있는 셈이다.

자동차는 이제 단순한 이동의 수단에서 생활, 레저, 여가의 공간으로 변화되고 있다. 자동차가 가장 빨리 보급된 미국에서는 1960년대에 결혼한 여성 2명 중 1명이 "자동차 안에서 프로포즈를 받았다"는 통계도 있다. 승용차는 외부로부터 차단된, 둘만의 아늑한 공간을 제공해주기 때문이다. 최근에 급격히 늘어나고 있는 레저용 자동차도 이러한 문화와 맥을 같이 하는 듯하다. 가족들만의 아늑한 공간을 원하는 현대인의 욕구가 레저용 자동차로 나타나고 있는 것이다.

이처럼 단순한 이동의 수단이던 자동차가 현대 생활의 필수 공간으로 변모해 감에 따라 각종 첨단장치와 편의사양의 장착 비율도 크게 증가하고 있다.

대도시의 교통 체증과 여성 운전자의 증가도 자동차 구매에 영향을 미치고 있다. 1990년대 초반만 해도 미미한 숫자에 지나지 않던 자동변속기(Auto)의 장착 비율이 급격히 증대하고 있는 것이다. 2000년 12월 기준으로 경차의 오토 비율은 55.8퍼센트에 이르고 있으며 EF쏘나타는 80.9퍼센트, 그랜저XG는 98.9퍼센트에 이르고 있다. 이는 3년 전인 1997년 12월에 비해 EF쏘나타의 경우 선택률이 20.2퍼센트나 증가한 셈이다. 참고로 일본의 경우에도 오토가 거의 기본사양이 되고 있으며 1999년에 판매된 전체 승용차의 88.5퍼센트가 오토 차량이라고 한다.

지난 겨울에는 유난히 많은 눈이 내렸다. 서울은 지난 1960년 이후 32년 만에 가장 많은 눈이 내렸다고 한다. 대관령, 미시령은 월동 장비를 갖추고도 통행이 어려울 정도였다. 이로 인해 스노우 체인 관련 사업이 때아닌 특수를 누렸다. 기록적인 폭설은 자동차 구매 행동에도 영향을 미쳤다. 이전에 비해 ABS 선택률이 크게 증가한 것이다. 아반떼XD의 경우 지난해 10월에는 14.8퍼센트의 고객이 ABS를 장착했으나 12월과 금년 1월에는 18퍼센트로 약 22퍼센트나 증가했다. 베르나의 경우에는 같은 기간에 ABS 선택률이 100퍼센트나 증가한 것으로 나타났다.

청량음료나 아이스크림 제조업체 등에서 '기상 마케팅(Weather Marketing)'이라는 개념을 기업 활동에 활용한 지 오래되었지만, 자동차 메이커에서도 기후 변화에 따른 마케팅 대응 전략이 요구되는

안전에 대한 인식의 확산으로 에어백을 선택하는 고객의 비율도 점차 늘어나고 있다.

대목이라고 보여진다.

아반떼XD급 이하의 중소형 승용차의 경우 ABS가 옵션으로 적용되고 있으나, EF쏘나타 이상의 중대형 승용차의 경우 ABS가 기본으로 100퍼센트 적용되고 있어 ABS가 머지 않아 모든 승용차의 기본사양이 될 것으로 예상된다.

충돌했을 때 상해를 줄여주는 에어백에 대한 선택률도 늘어나고 있다. 2000년 전체 평균으로 베르나의 경우 1.7퍼센트, 아반떼XD는 4.2퍼센트, EF쏘나타는 20퍼센트의 고객이 에어백을 선택했다. 통계에서 보듯이 에어백의 선택률은 ABS보다 크게 낮은 것으로 나타나고 있다. ABS는 운행중 계속해서 사용이 가능하고 효과 검증이 쉽게 되지만, 에어백의 경우 1회성으로 효용성이 낮다는 이유 때문인 것

다양한 교통 정보와 최단 거리 등 지리정보를 제공해주는 네비게이션 시스템.

으로 해석되고 있다.

편의 및 안전장치인 오토, ABS, 에어백과 함께 최근에는 오디오, 비디오, TV 등 자동차 안에서 즐거운 시간을 보낼 수 있는 장비들의 장착률이 크게 증가하는 추세다. 때로는 자동차 가격보다 비싼 고가의 오디오 장비를 구비한 차량들도 점차 늘어나고 있다. CD플레이어를 장착하는 것은 기본이며, AV시스템(오디오+비디오)을 선택하는 비율도 날로 늘어난다. EF쏘나타 1.7퍼센트, 그랜저XG 13.7퍼센트, 에쿠스 26.4퍼센트 등 고급차 고객들의 AV시스템 장착 비율이 특히 높아지고 있다. 아직은 중대형 이상의 고급 차량을 구입하는 고소득층에 한정되어 있지만 점차로 늘어날 것으로 보인다. 오토 차량이 매뉴얼 자동차를 대체하듯이 머잖아 단순한 오디오에서 AV시스템으로 고객의 선호가 변화될 것으로 예상된다.

새로운 곳을 방문하는 경우에 교통 정보와 최단 거리 등 지리정보를 제공해 주는 네비게이션 시스템을 구입하는 고객들도 늘어나는 추세다. 네비게이션 시스템을 이용하면 목적지까지 가는 가장 빠른

길을 소요시간과 함께 액정 화면으로 조회할 수 있다.

2000년 기준으로 그랜저XG는 7.0퍼센트, 에쿠스는 27.8퍼센트의 고객이 네비게이션을 구입했다. 새로운 지역을 찾아가면서 고생을 해본 고객들은 네비게이션 시스템의 효용을 이해하고 많이 장착하는 것으로 조사되고 있다.

편의장비, 안전장치, AV시스템으로 변화되고 있는 옵션 사양의 선호가 기술의 발전과 사회 환경의 변화에 따라 조만간 인터넷으로 연결될 것으로 예상된다. 최근 현대자동차가 자체 조사한 자료에 따르면 장착을 희망하는 미래의 옵션 사양으로는 인터넷이 가장 많은 것으로 나타났다. 인터넷을 통한 정보 획득과 업무 수행을 위해서, 그리고 좀더 길을 쉽게 찾기 위해서 구입하기를 원하고 있다. 참고로 희망 옵션 사양을 순서대로 10가지만 열거해 보면 인터넷을 필두로 화상전화, 텔레비전, 네비게이션, 드라이기, CDP, 노트북, 핸즈프리 장치, 면도기, 냉장고 등이다.

미국의 GM에서도 이러한 고객들의 선호를 감안해 자동차 인터넷 시스템을 개발하기 위해 온스타(On-Star)라는 자회사를 설립했다. 일본의 토요타자동차도 모넷(Monet)이라는 인터넷 시스템을 개발하여 이동전화와 연결된 서비스를 제공하기 시작했다. 미국의 포드자동차는 1999년 초 디트로이트에서 개최된 모터쇼에 24.7이라는 이름의 신개념 자동차를 선보였다. 24.7이란 이름은 하루 24시간, 일주일 7일 동안 자동차에서 생활한다는 의미를 나타내는 말이다. 따라서 24.7은 자동차 내에서 외부와의 정보 교류에 필요한 인터넷 등 첨단 시스템을 구비하고 있었다.

자동차 상에서 구현되는 이러한 첨단 시스템은 뉴스, 날씨, E메일,

쇼핑, 목적지와 인근의 음식점, 여행, 레저 등 일상생활에 필요한 다양한 정보를 운전자에게 제공하게 될 것으로 보인다. 뿐만 아니라 음성인식 기술의 발전으로 주행 중 음성으로 조작하거나 음성으로 정보를 얻을 수도 있게 될 것이다.

휴대폰이 이제는 단순한 이동전화에서 인터넷, 채팅, 화상전화, 자료 전달을 위한 종합 커뮤니케이션 수단으로 발전하고 있다. 그리고 현재의 청소년들은 이러한 휴대폰 생활에 익숙해지고 있다. 이들은 휴대폰이나 인터넷이 없으면 불안해한다. 이와 같이 휴대폰과 인터넷을 자유자재로 사용하는 현재의 10~20대 연령층이 자동차의 주 구매고객으로 등장하는 2005년 이후에는 당연히 인터넷 시스템이 자동차의 필수 옵션으로 장착될 것으로 예상된다. 자동차가 단순한 이동의 수단에서 첨단 장비를 구비한 레저, 업무의 필수 수단으로 발전하고 있어 성숙기에 이른 자동차의 새로운 변신이 기대된다.

2

브랜드 이야기

이름이 수명까지 좌우한다

　　　　사랑하는 남녀가 결혼 후 2세를 원하는 것은 지극히 자연스러운 현상이다. 자식이 귀하거나 아이에 대한 기대가 큰 가정에서는 태어나기도 전에 이름을 지어 놓는 경우도 있다. 부모들은 아이의 이름을 짓기 위해 작명소를 찾아가거나 할아버지, 할머니에게 부탁하기도 한다. 이름에는 부모와 가족들이 아이에게 바라는 소망이나 의지가 담겨져 있다. 뿐만 아니라 아이의 이미지를 나타내고 평생을 두고 불려질 것이기 때문에 신중을 기해서 짓는다.

　기업체에서 자사가 생산하는 제품이나 서비스에 이름, 즉 상표를 붙이는 것도 당연한 현상이다. 제품에 상표를 부착하기 시작한 것이 언제부터인지는 명확하지 않다. 고대에도 벽돌과 같은 제품에 이름을 표시하여 제조자를 나타내려고 했던 증거가 있다고 한다. 어쨌든 최근에는 상표명이 제품 및 기업의 성패에 결정적 영향을 미치는 것으로 인식하는 경향이 더욱 강해지고 있다. 그래서 제품의 이름을 짓는 일은 사람의 이름을 짓는 것 이상으로 중요하게 생각되고 있다.

이러한 현상은 자동차 메이커의 경우도 예외가 아니다. 특히 자동차의 경우 이름은 그 차의 수명까지 좌우한다. 예를 들어 토요타 카롤라(Corolla)의 경우 반드시 이름 때문은 아니지만 30년 이상이나 장수하고 있다. 뿐만 아니라 초창기 토요타는 자동차의 이름이 C로 시작하면 그 차는 모두 베스트셀러카가 된다는 신앙과 미신을 가지고 있었다고 한다. 센추리(Century), 크라운(Crown), 체이서(Cheiser), 크레스타(Cresta), 캄리(Camry), 코로나(Corona), 셀리카(Celica), 카리나(Carina), 콜루사(Colusa), 카리브(Carib) 등 토요타 승용차의 50퍼센트 이상이 C로 시작하고 있는 것만 봐도 그 말이 사실인 듯하다.

최근 퇴출이 결정된 삼성상용차의 경우 SV-110이라는 이름으로 1톤 트럭을 출시했으나 시장의 반응이 시원찮아 '야무진'으로 바꾸었다. 공교롭게도 이름을 바꾼 후 몇 개월만에 회사가 퇴출이 되는 바람에 야무진은 역사 속으로 사라지게 되었다.

자동차 회사에서는 신차를 내놓을 때 좋은 이름을 찾기 위해 적어도 6개월 이상의 기간과 수천 만 원에 달하는 비용을 투자하기도 한다. 자동차 이름짓기가 어려운 만큼 메이커에 따라 적게는 수십 개에서 많게는 1000여 개의 이름을 미리 상표로 등록해 놓기도 한다. 최근에 많은 기업들이 인터넷 도메인을 사전에 등록하는 것과 같은 개념이라고 볼 수 있다.

자동차 이름은 어떤 과정을 거쳐서 결정되는가? 현대자동차의 경우 사내에서 공모하는 경우도 있지만 보통 마케팅부서나 상품팀에서 아이디어를 낸다. 일반적으로 마케팅부서에서 이름을 지을 때는 갖가지 아이디어가 총동원된다. 이미 상표로 등록한 차명(車名)을 1차로 검색하는 것은 물론이고 라틴어 사전도 필수적으로 이용된다. 그리고 미술이나 음악 사전 등도 뒤진다. 심지어 갖가지 별 이름이나 동물 이름 등을 나열하고 이 가운데서 후보작을 찾기도 한다.

스타렉스의 경우 한국외국어대학교의 외국어 전공학과에서 우수한 학생 5명씩을 추천 받아 이들에게 각각 10개씩의 후보 차명을 내게 하는 색다른 전략을 구사하기도 했다.

전 세계에 나와 있는 기차나 비행기, 무기, 배 이름 등을 나열하기도 한다. 예컨대 기아에서 판매되고 있는 대형 승용차 엔터프라이즈는 마케팅부서에 근무하는 직원이 전 세계 군함의 이름을 나열하는 과정에서 나온 이름이었다고 한다.

위와 같은 과정을 수십 차례 반복한 후 1차 후보작이 나오면 계속적인 검토 과정을 거쳐서 2, 3차 후보작으로 숫자를 좁혀간다. 이 과정을 거듭해 마지막으로 남은 10개 정도를 중역진에게 제출하고 다시 압축한다. 그래서 통상적으로 2~3개의 이름을 최고 경영진에게 올려서 결정한다.

예를 들어 아반떼XD의 경우 아반떼XD와 엘리온이라는 이름이 최종적으로 경합을 벌였고, 스타렉스는 스파이서, 랜드빌이라는 명칭을 물리치고 탄생했다. 2001년 4월 출시된 라비타는 도시형 멀티세단이란 세그먼트로 미뉴엣, 뮤젯과 경쟁했으며 테라칸은 랜스피트, 타이런과 끝까지 경쟁하면서 탄생했다.

자동차의 종류가 많아지고 다양한 모델이 탄생하면서 자동차 이름을 정하기가 더욱 어려워지고 있다. 이럴 경우 세계적인 작명회사

국내 고유 모델 1호 '포니'는 차량의 스타일과 잘 어울리는 이름이라는 평가를 받았다. 사진은 수출 1호 포니.

등 외부 전문기관에 용역을 줘서 짓는 경우도 있다. 현대자동차의 티뷰론이 그 대표적인 사례다. 전문기관에 의뢰할 경우 용역 수수료로만 수천 만 원을 지불해야 한다. 신문 등 매스컴을 통해 고객들로부터 응모를 받아서 차명을 결정하는 경우도 과정은 위와 유사하다.

국내 고유 모델 1호인 포니의 경우 신문 공모에 의해서 탄생했다. 약 6만여 명의 일반인들이 국내 최초의 고유 모델 차명 짓기 행상에 응모했다고 한다. 그 당시 응모된 이름 중에 가장 많은 것은 아리랑과 도라지, 무궁화였다.

아리랑은 "십 리도 못 가서 발병 난다"는 아리랑의 노래 가사 때문에 가장 많은 응모 숫자에도 불구하고 제외되었다. 도라지, 무궁화와 함께 포니라는 이름이 있었는데, 당시 응모된 엽서의 분류 업무를 담당하던 아르바이트 대학생들의 투표에 의해 조랑말이라는 뜻의 포니(Pony)로 차명이 결정되었다고 한다. 포니는 차량의 스타일과 잘 어울리는 이름이라는 평가를 받았다고 한다.

통상 자동차 이름을 선정할 때 고려되는 기준으로 꼽히는 몇 가지 조건은 다음과 같다.

첫째, 회사 및 차의 이미지와 맞는가?
둘째, 기억하기 쉬운가?
셋째, 제품에 대한 적절한 암시를 주는가?
넷째, 명칭이 바람직한 연상을 주는가?
다섯째, 좋지 않은 연상을 피했는가?
여섯째, 3음절 이내로 발음하기 쉬운가?
일곱째, 다른 이름의 자동차와 뚜렷이 차별화가 되는가?
여덟째, 상표로서 법적 등록이 가능한가?
아홉째, 주요 수출 대상국 등 해외 시장에서도 좋은 상표가 될 수 있는가?
열째, 타사의 MTM(Mouth To Mouth), 즉 비난이나 공략의 대상이 되지 않는가?

그밖에도 현대자동차의 경우 "신화 등에 나오는 귀신이나 신의 이름과 관련이 없는가?" 하는 기준도 내부적으로 중요시하고 있다고 한다. 자동차 사고와 연상되는 것을 꺼리기 때문이다. 이상과 같은 여러 가지 선정기준이 있지만 "신차의 특성을 얼마나 잘 표시하는 이름인가?" 하는 점을 가장 중요하게 생각하며, 최근 들어 상표권의 강화와 함께 법적 등록 가능성이 더욱 중요시되고 있다.

차명을 선정하는 과정에서 수출까지 고려하여 작명을 하는 일이 가장 힘들다. 국내나 다른 수출 지역에서는 좋은 의미로 선호하지만 특정 국가에서 나쁜 의미이거나 심지어 현지에 등록돼 있는 비슷한 이름 때문에 송사에 휘말릴 가능성도 있기 때문이다.

고급 미니밴 트라제의 경우 불어로 여행이라는 좋은 뜻이지만 영어의 트라블(trouble)과 발음이 비슷하다고 하여 일부 수출국에서 반대하는 통에 막판까지 이름을 확정하는 데 어려움을 겪었다고 한다. 순수한 한국어 이름으로 호평을 받고 있는 무쏘는 특정국에서 여성의 성기를 상징하는 단어와 발음이 비슷해 곤란을 겪었다고 한다.

EF, XG, XD와 프라이드

아반떼XD, EF쏘나타, 그랜저XG는 현대자동차의 인기 모델이다. 이들은 1998년 이후 국내에서 시판되기 시작한 자동차라는 공통점을 가지고 있다. 하지만 이들 모델명의 출발점은 1980년대 후반 또는 1990년대 초반이다. 말하자면 오랜 역사와 전통을 가진 자동차 이름이라는 것이다.

1998년 3월에 출시된 EF쏘나타는 1985년 말에 등장한 쏘나타에 뿌리를 두고 있다. 당시에는 소나타라는 명칭으로 출시되었으나 "소나 타는 차"라는 경쟁사의 비방 때문에 쏘나타로 바꾼 경력도 가지고 있다. EF쏘나타는 IMF와 함께 판매되기 시작해 초기에는 판매 부진으로 고전했다. 그 후 경기가 회복되면서 뛰어난 제품력을 바탕으로 국내 중형차 시장을 평정하고 있다. EF쏘나타가 국내에 소개되었을 때 많은 사람들이 EF의 뜻을 궁금하게 생각했다. EF는 Elegant

Feeling의 약자로 연구소에서 사용하던 프로젝트 명칭이었다.

그런데 EF쏘나타라는 이름에는 자동차 마케팅의 엄청난 고민이 숨겨져 있다. 쏘나타3에 이어 개발된 EF쏘나타는 이전 모델과는 완전히 다른, 그야말로 새로운 것이었다. 이러한 모델의 출시를 몇 개월 앞두고 마케팅부에서는 논쟁이 벌어졌다. 쏘나타3의 뒤를 이어 쏘나타4로 할 것인가? 아니면 전혀 다른 이름으로 할 것인가?

쏘나타4를 주장하는 쪽에서는 쏘나타 시리즈의 명성과 전통을 이어가야 한다는 것이었다. 새로운 느낌이 전혀 없고 쏘나타3의 연장선상에 있는 단순한 이름이라는 반대도 있었다. 한편에서는 완전히 바뀐 차의 이미지에 맞게 새로운 모델명을 붙이자는 주장도 많았다. 하지만 쏘나타라는 이름이 가진 값어치가 엄청나기 때문에 새로운 이름을 만들자는 주장은 결국 설득력을 얻지 못했다.

거리를 지나가는 사람들에게 자동차 이름을 아는 대로 대라고 하면 대부분은 쏘나타를 가장 먼저, 그리고 가장 많이 댔기 때문이다. 이것이 바로 쏘나타의 값어치, 즉 브랜드 가치인 것이다. 더구나 쏘나타가 가진 이미지는 긍정적인 가치를 표방하고 있다. 예를 들어 한국 승용차의 대명사, 중산층의 자가용, 여유로운 가정의 상징, 뛰어난 승차감과 넓은 실내공간 등이다. 어떤 연구기관에서는 쏘나타가 가진 브랜드 가치를 2900여 억 원으로 표시하기도 했다.

많은 논쟁 끝에 쏘나타라는 이름은 살리되 새로운 자동차의 이미지에 맞는 접두어 또는 접미어를 사용하기로 결정되었다. 완전히 새로운 명칭을 사용하는 것은 많은 비용이 초래되기 때문이기도 했다. 미국의 경우 매년 3000개 이상의 새로운 브랜드가 시장에 쏟아져 나오고, 새로운 상표 하나를 시장에 도입하기 위해서는 보통 5000만~

기존 제품의 브랜드 가치를 계승하기 위해 접두어 또는 접미어를 사용하는 경우가 많다.

1억 5000만 달러의 비용이 소요된다고 한다. 또 일본에서는 TV 광고를 통해 60퍼센트의 인지율과 30퍼센트의 이해율을 얻으려면 9억 엔의 비용을 지출해야 한다고 한다.

   이러한 모든 점을 고려하여 마케팅부서에서는 새로운 이름을 고객들에게 인식시키는 데 필요한 수백 억 내지 수천 억 원이라는 비용을 줄이면서 새차의 인지도를 높이는 방법을 채택한 것이다.

   영문으로 된 무수히 많은 접미어, 접두어 등이 후보로 나왔으나 EF쏘나타의 뛰어닌 헨들링 감각을 표현할 수 있는 'Elegant Feeling(민감하고 우수한 핸들링 감각)'이라는 단어의 접두어를 붙이자는 결론이 도출되었다.

   EF쏘나타의 뒤를 이어 출시된 그랜저XG의 경우도 현대자동차 내부에서 동일한 고민을 거친 결과로 탄생한 이름이다. XG는 Extra Glory의 약어다.

아반떼XD는 Excellent Driving이라는 의미이며 최강자라는 의미인 엘리온 이라는 차명과 마지막까지 경합했으나 아반떼라는 브랜드 가치를 그대로 살리자는 주장에 따라 선택된 이름이다.

1980년대 초반 기아자동차를 부도 위기에서 구한 봉고 트럭의 경우에도 여러 번 모델이 바뀌었으나 봉고J2, 봉고 플러스 등의 명칭으로 브랜드 가치를 보존하고 있다. 최근에는 봉고 프런티어란 이름으로 명성을 이어 오고 있다. 현대자동차의 효자 차종인 포터와 그레이스의 경우에도 수 차례에 걸쳐 모델이 변경되었으나 1986년 이후 15년째 동일한 브랜드를 사용하며 고객들로부터 사랑을 받고 있다. "새 술은 새 부대에 담아야 한다"는 전략도 중요하지만 기존의 전통과 명성을 잘 보존하는 브랜드 업데이트 전략이 최근의 자동차 마케팅에서는 대세라고 할 수 있다.

이러한 측면에서 볼 때 기아자동차의 프라이드는 아주 아까운 브랜드라고 할 수 있다. 프라이드는 자동차산업합리화 조치가 해제된 1987년 이후 기아에서 생산된 최초의 승용차 모델이었다.

프라이드는 견고한 자체, 단순하면서도 세련된 디자인, 경제적인 유지비, 잔 고장 없는 우수한 성능 등 좋은 브랜드 이미지를 가지고 있었다. 프라이드에 이어 아벨라, 리오 등이 기아 소형차의 대를 잇고 있지만 고객들은 여전히 프라이드를 엑셀 이후 최고의 소형승용차로 평가하고 있다.

최근 유명 광고대행사에서 조사한 자료에 따르면 단종된 프라이드에 대한 인지도가 베르나, 라노스, 리오, 엑센트 등을 제치고 가장 높은 40퍼센트 수준을 기록하고 있다.

프라이드의 새로운 부활을 시도해도 국내 자동차 시장에서는 여전히 호의적으로 받아들여질 가능성이 높다는 증거로 생각된다. 최근 다시 출시되어 과거 비틀의 명성을 새롭게 이어가고 있는 폭스바겐의 뉴비틀이나 복고풍의 다임러크라이슬러의 PT크루저처럼 프라이드의 재탄생을 기대해 본다.

토요타와 현대의 같은 목표, 다른 경험

1937년에 설립된 토요타(Toyota) 자동차는 1950년대 말까지만 해도 나고야 인근의 토요타 시(市) 미카와(三河)라는 시골의 조촐한 회사에 지나지 않았다. 하지만 지금은 GM, 포드에 이어 세계 3위의 자동차 메이커가 되었다. 토요타는 1940년대 말 도산 직전까지 갔던 경험을 중시하여 "빚은 한 푼도 안 쓴다"는 무차입경영과 2조 엔의 여유자금을 항상 보유하고 있는 토요타 은행이라는 철학으로 유명하다. 이러한 기업문화와 함께 토요타의 간판 방식에서 보여지듯이 낭비 제거 경영술과 자만하지 않는 상시 위기 경영전략으로 오늘날 세계적인 기업이 되었다.

토요다방직기계의 소규모 사업부에서 출발한 토요타는 2차 대전에서 패전한 이후 극심한 내수 부족과 노사분규 등으로 도산 직전까지 갔다. 그러다가 때마침 발생한 한국의 6·25전쟁으로 토요타는 회생의 발판을 마련하게 되었다. 미국이 한반도에서 전쟁을 수행하는 데 필요한 군용 트럭들을 토요타로부터 납품 받았기 때문이다. 미국과의 제2차 세계대전 중에 많은 일본 업체들은 미군의 공습으로 사라졌지만, 토요타는 당시까지만 해도 보잘것없는 회사였기 때문에 생산 시설을 보존했던 것이다.

이러한 행운을 바탕으로 토요타는 1955년 1월에 첫 번째 승용차를 생산하게 되었다. 토요타 최초의 고유 모델인 크라운(Crown)은 출시되자마자 즉시 일본에서 선풍적인 인기를 얻었다. GM 출신으로 당시 토요타의 판매를 책임지고 있던 가미야 쇼타로 사장은 이와 같은 성공에 크게 고무되었다. 뿐만 아니라 보잘것없는 폭스바겐의 비틀이 미국에서 젊은이들의 반문화운동을 배경으로 판매가 크게 늘어난 것에 충격을 받아서 가미야 사장은 주위의 반대를 무릅쓰고 미국 진출을 강력하게 추진하였다.

1957년 미국 로스앤젤레스 항구에 토요타 크라운 2대가 도착했다. 토요타가 야심을 품고 시작한 미국 진출 프로그램의 출발을 알리는 신호였다. 하지만 토요타 경영진의 의욕적인 미국 진출 의지와는 달리 미국인들은 크라운을 좋아하지 않았다. 우선 크라운은 광활한 미국의 고속도로를 주행할 충분한 엔진 파워가 없었고 품질도 형편없었다. 당시 미국 고속도로변에서 과열된 라디에이터에 물을 넣기 위해 물통을 들고 다니던 사람들의 대부분이 토요타 크라운을 타고 있었다고 할 정도였다. 크라운은 미국 진출 후 약 14개월 동안 고작 288대만 팔리는 수모를 겪었다.

치욕적인 판매 부진과 함께 토요타는 일시적으로 미국 시장에서 철수할 수밖에 없었다. 토요타가 미국에서 최초의 히트상품을 판매하기 시작한 것은 그로부터 7년이 지난 후였다. 폭스바겐의 딱정벌레차 비틀(Beetle)보다 500달러나 저렴한 미화 1700달러 짜리 코로나는 1965년 6월 미국 시장에서 성공을 거두었다. 미국의 도로를 달리는 승용차 가운데 가장 저렴했으며 디자인, 내구성, 품질, 연비 등에서 미국인들의 기호에 상당히 부합하는 것이었기 때문이다. 토요타는 7년 동안 절치부심한 끝에 마침내 결승타를 날린 것이었다.

1968년에는 2도어(door) 승용차인 카롤라(Corolla)를 출시하며 미국 시장에서 발판을 굳히기 시작했다. 토요타가 결정적으로 미국 시장에서 성공하게 된 배경은 중·대형차만 만들기에 여념이 없던 미국의 자동차 메이커들이 1970년대 초 오일쇼크를 맞아 고전하게 된 상황 덕분이었다.

크라운, 카롤라, 캠리 등 중형이하급의 승용차에서 성공한 토요타는 진정한 세계 수준급의 자동차 메이커가 되기 위해서는 고급차(luxury car)를 개발하는 것이 필요하다는 사실을 깨달았다. 고급차 중에서도 벤츠나 BMW에 버금가는 차량을 자체 개발하여 시장에서 인정받는 것이 자사의 이미지를 드높여줄 것이라고 믿었다.

1983년 토요타는 미국의 대형고급차 시장에 진출하기로 결정하고 전담팀을 만들었다. 미국에 상주하며 대형차 보유자들의 욕구를 심층 조사한 조사팀은 유럽풍의 고급세단으로 미국인들의 운전 습관과 도로 사정에 적합하고 시속 200킬로미터 주행하면서도 연비가 좋은 차를 개발한다는 목표를 정했다. 뿐만 아니라 기존의 BMW나 벤츠에 비해 가격은 저렴하면서도 품질, 중고차 가격, 고객 서비스 측면에서 월등히 우수한 차량을 만들기로 결정했다. 기존 토요타 이미지와의 차별화를 위해서 별도의 딜러망도 구축했다. 재정적 능력과

철저한 사전조사와 고객에 대한 심층 분석으로 미국에서 성공한 토요타는 전세계 시장에 렉서스를 전파하고 있다.

안정성, 높은 고객 지향성을 가진 우수한 딜러를 선정하기 위해 토요타는 1500여 후보 중에서 10퍼센트만을 자사 딜러로 선정했다.

 6년 동안 심사숙고한 결정체가 1989년 8월에 선보이게 되었다. 토요타가 미국에 진출한 지 32년째 되는 해였다. 고급차 시장에서 반드시 성공하겠다는 의지를 반영해 Lexury(고급)라는 단어를 변형한 렉서스(Lexus)라는 이름을 가진 대형고급차가 미국 시장에 시판되기 시작한 것이다. 시판된 지 3년 만에 벤츠와 BMW를 눌렀으며 1990년대 후반부터는 후속 파생차종의 추가와 함께 미국 고급차 시장에서 1위를 차지하고 있다. 더군다나 고급 SUV 차량인 Lexus RX300은 안락한 승차감과 엔진 파워, 독특한 스타일링 때문에 미국의 부유층들이 가장 좋아하는 차량으로 등장하며 선풍적인 판매 신장세를 보여주고 있다. 철저한 사전조사와 심층 분석으로 미국에서 성공한 토요타는 전 세계 시장에 렉서스를 전파하고 있다.

 렉서스에서 성공한 토요타는 또 다른 미개척 시장을 공략하기 시작했다. 서부개척시대 미국인들의 프런티어 정신을 반영하고 있다는 대형 풀사이즈 픽업 시장에 도전한 것이다. GM, 포드, 크라이슬러 등 미국 본토 메이커들이 독점하고 있던 이 시장에서도 1999년부터 툰드라(Tundra)라는 모델을 출시하며 선풍적인 인기를 얻고 있다. 툰드라는 제품의 우수성을 인정받아 매년 말 발표하는 '올해 최고의 픽업'으로 선정되기도 했다.

1986년 2월 현대는 미국 자동차 시장에 처음 진출했다. 보다 높은 수익성을 쫓아 대부분의 메이커들이 눈여겨보지 않던 소형차 시장에 엑셀로 파고들었다. 첫해에 16만 8000대를 판매하며 폭발적인 인기를 얻었다. 1987년 26만 3610대, 1988년 26만 4282대 등으로 기록을 경신하며 미국의 100대 히트상품에 오르는 기대 이상의 효과를 거두었다. 그러나 그것이 정점이었다. 때마침 국내에서 불어닥친 민주화의 영향으로 극심한 노사분규를 겪으면서 품질에 문제가 있는 차량이 생산되기 시작했던 것이다. 한번 현대차를 구입한 고객은 다시 현대차로 돌아오지 않았다. 그 이후 현대차의 미국 시장 판매는 계속해서 줄어들었다.

미국에서의 판매를 만회하기 위한 현대의 첫 번째 야심작은 엑센트였다. 엑센트의 뒤를 이어 엘란트라, 아반떼XD를 투입했으며 쏘나타, EF쏘나타, 그랜저XG 등 품질 면에서 진보된 차량을 계속해서 투입하기 시작했다. 2000년부터는 수익성 높은 SUV 시장에도 싼타페로 공략을 개시하고 있다. 이와 함께 현대는 품질 문제로 고객들의 외면을 받았던 뼈아픈 경험을 되새기며 전사적인 품질 개선 노력을 기울였던 것은 말할 것도 없다.

이러한 노력의 결과, 자동차 산업 전문연구조사기관인 미국의 J.D

Power에서 실시하는 신차 품질 조사에서도 향상된 지수를 보여주고 있다. 미국의 각종 매스컴에서도 현대의 변화된 모습에 상당한 지면을 할애하며 관심을 표시하고 있다. 품질에 대한 자신감을 바탕으로 10만 킬로미터 무상보증수리라는 모험적인 이벤트도 실시하고 있다. 다각적인 현대의 노력은 1999년 이후 미국시장에서 큰 폭의 판매 신장으로 연결되었다.

2000년에는 24만여 대를 판매하여 일본의 마즈다, 미츠비시를 제치고 아시아 자동차 회사 중 4위를 기록했다. 2001년 4월 J.D Power로부터 체어맨상을 수상하기도 했다. 체어맨상은 자동차 판매 신장이나 품질혁신, 고객만족에 뚜렷한 개선이 이뤄진 자동차 메이커에 주어지는 것으로 GM, 포드, 재규어 등 7개사만 이 상을 받았다고 한다. 2001년에는 1988년 엑셀이 세웠던 기록을 경신하며 30만 대 판매를 목표로 하고 있다.

현대와 토요타는 한국과 일본에서 독보적인 자동차 메이커임에 틀림없다. 토요타는 일본에서 40퍼센트 내외의 시장 점유율을 기록하고 있으며 현대는 50퍼센트에 육박하고 있다. 그러나 토요타는 세계적인 회사이며 현대는 2010년까지 세계 5위의 자동차 메이커를 꿈꾸는 후발업체라고 할 수 있다.

토요타는 초기 실패를 교훈 삼아 성공적으로 일어섰으며, 이제는 세계 3위의 메이커로 우뚝 성장했다. 토요타는 미국시장에서 성공한 렉서스 시리즈로 금년부터는 국내 시장도 공략하고 있다.

초기의 놀라운 성공에도 불구하고 현대는 연이은 품질 문제로 이러한 성과를 이어가지 못했다. 그 후 품질 개선을 제1의 목표로 삼아 미국 시장에서 새로이 주목받고 있는 현대는 금년부터 토요타의 안

방인 일본 시장을 공략하기 시작했다.

세계 최고의 자동차 메이커라는 동일한 목표를 지향하는 토요타와 현대의 다른 경험과 전략이 어떻게 결론을 맺을지 주목된다.

농경민족형 토요타, 기마민족형 닛산

2000년 한 해 동안 일본에서 판매된 자동차는 경차를 제외하고 409만 5117대였다. 현재 일본에서는 수입차를 포함하지 않더라도 11개의 자동차 메이커가 저마다의 제품으로 경쟁하고 있다. 토요타, 닛산, 혼다, 마즈다, 미츠비시, 후지중공업, 다이하츠, 이스즈, 스즈키, 히노, 닛산디젤 등이다. 이들 11개 메이커가 치열하게 경쟁하고 있는 자동차 시장에서 지난해 토요타는 43.1퍼센트의 시장 점유율로 판매 1위를 기록했다. 2위를 차지한 닛산의 점유율은 17.8퍼센트에 불과했으며 1위인 토요타의 2분의 1에도 미치지 못했다. 그래서 일본의 자동차업계는 토요타 대 기타 메이커로 2분화되어 있다고 말해지기도 한다.

닛산은 토요타보다 자동차 사업을 먼저 시작했고 1938년에는 닷도선(Datsun)이라는 모델로 그 당시 일본 시장을 주름잡던 GM, 포드를 물리치며 시장의 80퍼센트를 장악한 적도 있었다. 1960년대에는 30퍼센트 내외의 점유율로 토요타와 근소한 차이로 선두 경쟁을 벌이기도 했다. 하지만 닛산은 연이은 신차종 실패와 사업 부진으로 르노에 인수되는 지경에 이르렀고, 반면에 토요타는 세계 3위의 자동차 메이커로 승승장구하고 있다.

왜 닛산은 르노에 인수되고, 토요타는 독보적인 시장 점유율로 세계 3위의 메이커가 되어 지속적인 성장을 거듭하고 있는가?

이와 같은 토요타와 닛산의 차이는 기업문화 때문이라는 분석이 제기되고 있어 흥미롭다. 기업문화 또는 기업체질이라는 측면에서 토요타와 닛산은 뚜렷한 차이를 보이고 있기 때문이다. 이 두 기업의 특징을 도식화하여 표현하자면 토요타의 기업문화는 농경민족형 특성이 강한 반면, 닛산의 기업문화는 기마민족형 특성이 강하다는 것이다. 먼저 토요타와 닛산의 공장 분포를 살펴보자.

농경민족은 토지를 소중히 여기고 태어난 곳을 자신의 고향으로 삼는 정착형 공동사회를 형성한다. 토요타의 주요 공장은 아이치 현 토요타 시 미시마 지구를 중심으로 반경 10킬로미터 이내에 거의 들어간다. 이 미시마 지구에는 86개사 104개 공장과 관련 기업이 집중되어 있다. 이처럼 효율성 좋게 관련 공장이 배치된 그룹은 세계적으로도 유례가 없다고 한다. 본사의 위치도, 1992년 한때 도쿄 본사 구상을 밝힌 적도 있으나 창업 이래 아이치 현 토요타 시 토요타 정 1번지로부터 한 발짝도 옮기지 않고 있다.

기마민족은 토지에 집착하지 않고 환경에 따라 자유로이 움직이는 목축적, 이동적 공동사회를 형성하는 경향이 강하다. 닛산은 이러한 경향을 증명이라도 하듯이 요코하마, 구리하마, 자마, 무라야마,

요시하라, 큐슈 및 칸토 일원을 비롯하여 전국 어디든 편리한 곳이면 가리지 않고 공장을 건설했다. 본사도 도쿄의 번화가인 긴자 거리에 위치해 있다.

두 기업의 특징은 해외 사업에서도 잘 나타나 있다. 토요타의 기본 전략은 미시마 지구의 높은 생산성과 효율성에 기초하여 자동차를 만들고, 일본 내에서 지배적인 위치를 장악한 다음 세계에 진출한다는 전략이다. 이와는 달리 닛산은 초기부터 해외 시장 개척에 적극적이었다. 국내시장에서의 부진을 만회하려는 의도가 깔려 있었으나 1950년대부터 먼저 해외에 진출했다. 북미 시장과 유럽에 먼저 진출한 것도 닛산이었다. 토요타는 1959년 처음으로 브라질에 자동차 공장을 건설했으며 신중하고도 보수적으로 해외 사업을 전개하고 있다. 두 기업의 이러한 전략은 보수적이고 행동이 느린 농경민족형 특성과 결정이 빠르고 기민하게 움직이는 기마민족형 특징이 잘 반영된 결과라는 분석이 많다.

기업 간 제휴나 인수합병의 양상을 보더라도 두 회사는 대조적이다. 우선 토요타의 경우 제휴는 하지만 인수합병은 하지 않는 전략을 구사하고 있다. 토요타는 다이하츠, 히노와 제휴 관계를 형성하고 있으며 양사의 장점을 대화로 조정하고 화합, 공존하는 것을 중요시한다. 세계적인 인수합병이 이루어지고 포드가 마즈다를, 다임러크라이슬러가 미츠비시를, 르노가 닛산을 인수하는 등 거대 자동차 기업이 탄생하는 현실에도 아랑곳하지 않고 독자 노선을 고집하고 있다. 이에 반해 닛산은 토요타와의 합병이 끝내 무산된 프린스를 1954년에 합병하였다. 집어삼키고, 두들기고, 정복하고, 전멸시키는 인수합병의 행동양식은 기마만족형 특성의 전형이라고 할 수 있다.

토요타의 소형 SUV 라브4. 개발과정에서 토요타와 닛산의 기업 문화가 잘 드러난 차종이다.

자동차를 개발하는 특성에서도 두 기업의 차이를 살펴볼 수 있다. 토요타는 평범한 차 만들기, 즉 '80점주의'를 지향하고 있다. 토요타는 평범하지만 성능이 뛰어난 국산차를 만들어 국민 누구나 구입할 수 있도록 하는 전략을 펼쳤다. 이러한 전략에 따라 스타일링이 무난하지만 싫증이 나지 않는 퍼블릭카, 코로나, 카롤라, 크라운 등 현재까지 일본 국민들에게 사랑 받는 대중적인 자동차를 만들어냈다. 닛산은 개성 있는 첨단기술차를 개발한다는 전략을 고수해오고 있다. "판매의 토요타, 기술의 닛산"이라는 말이 있듯이 닛산은 전통적으로 기술에 대한 집착이 강했다. 지금까지 일본에서 승용차의 배기가스 규제강화 대응, FF화, 4WD, 4WS, 터보장착, 디젤엔진 탑재, 원박스 웨건 등 기술면에서 선두를 끊은 것은 닛산 이하 다른 회사였으며 토요타는 늘 그 뒤를 따라갔다고 한다.

1994년 5월에 발매되어 현재까지 히트를 치고 있는 토요타의 소형 SUV인 라브(RAV)4의 경우를 보자. 이것은 1991년 닛산 기술진의 반대로 개발이 취소되었던 신세대 RV와 같은 모델이었다고 한다. 그 당시 닛산의 기술진들은 "기존 기술의 조합으로 새로운 것이 전혀 없기 때문에 팔리지 않는다"는 이유로 개발을 취소했다. 하지만 토요타는 동일한 차량을 늦게 출시했지만 시장에서 성공한 것이다.

기술을 전면에 내세워 비용을 들이고 투자를 하지만 판매가 부진한 것이 오늘날 닛산이 맞고 있는 현실이다. 닛산에서는 새로운 모델이 출시되어 실패할 경우에도 가격이 높다거나 판매전략에 문제가 있다거나 경기 침체 때문이라는 이유를 들고 모델 자체가 나빴다는 지적은 절대로 하지 않는다고 한다. 기술이 자동차를 선택하는 절대적인 기준이 아님에도 불구하고 닛산의 기술에 대한 집착은 시장 및 소비자에 대한 이해 부족에 기인한다는 비판을 받을 만한 대목이다.

신차 개발을 둘러싼 두 회사의 이러한 차이는 토요타의 농경민족형 특성이 서민적, 전원적 평범함으로 연결되고 닛산의 기마민족형 특성은 도회적, 엘리트주의로 표출된 결과로 해석되고 있다.

토요타의 경우 새로 투입한 차종의 판매가 좋지 않아 실패작이라고 생각되면 여러 가지 조사를 실시하고 대응 전략을 수립한다. 2년 후의 모델 변경(페이스 리프트) 시점에 내·외장을 대폭적으로 바꾸거나 가격을 인하하고 특별한 사양이 추가된 스페셜 에디션(Special Edition)으로 빈틈없이 후속 처방을 하는 것으로 유명하다. 그리고 최종적으로 4년 후 완전한 모델 변경 시점에는 이전의 결점을 모두 고쳐서, 실패를 두 번 다시 반복하지 않도록 만드는 전략을 실천한다.

이와는 달리 과거 닛산은 팔리지 않아 애먹다가 생산을 중지한 모델이 많다고 한다. 예를 들어 레퍼드, 오스타, 스탄자, 랑그레, 로렐 스피리트 등 판매가 부진했던 모델은 과감하게 단종시키는 전략을

기마민족형 기업 문화를 가진 것으로 평가 받고 있는 닛산의 '시마'.

펼쳐 원인 규명을 위한 조사와 치밀한 전략으로 판매 확대를 도모하는 토요타와 대조적이라는 것이다. 이러한 차이는 인내를 가지고 노력하며 자연의 섭리를 존중하며 기다리는 농경민족형 특징과 결단이 빠르기는 하나 성급한 기마민족형의 특성이 반영된 결과로 해석되고 있어 재미있다.

토요타의 직원, 부품업체, 딜러 등은 조직적으로 움직이고 충성심이 강한 것으로 평가되고 있는 반면, 닛산의 경우 개인주의적이고 충성심이 약한 것으로 평가된다. 이것은 토요타와 닛산 임원의 출신학교별 구성에서 일부분 설명되고 있다고 한다.

토요타의 경우 임원의 출신학교가 전국적으로 광범위하게 골고루 분포되어 있다. 1986년의 임원 구성을 보면 토요타자동차 인근에 있는 나고야대학교 출신이 가장 많으나 비율로 치면 한 자리수이며 도쿄대학교 출신도 미미하고 특별히 학벌이 없다. 하지만 닛산의 경우 임원의 80퍼센트 정도가 도쿄대학교 출신이라고 한다. 토요타는 지방대학의 평범하나마 성적이 우수한 학생들을 선발하여 충성스러운 토요타맨으로 육성하지만 닛산은 수재형의 도쿄대학교 출신을 선호하고 있다는 것이다. 도쿄대학교 출신의 수재들은 개개인이 우수하기는 하나 조직을 위해서 자신을 희생하거나 전체적인 목표를 향해 묵묵히 일하는 토요타맨과는 거리가 멀다는 지적이다.

지금까지 비교된 두 회사의 기업문화와 경영전략의 발상, 시장에서의 성과는 창업자의 성장 과정과 개성, 그리고 자라난 풍토에 깊이 영향을 받고 있다는 설명이다.

토요타 그룹의 창업자인 토요다 사키치는 나고야 동남쪽의 고르모(擧母)라는 한적한 농촌 마을에서 목수의 아들로 태어났다. 토요다 사키치는 한때 목공 노릇을 했으며 정규학교 교육의 혜택을 전혀 받지 못했다고 한다. 닛산을 창업한 아유카와 요시스케는 야마구치 태생이며 도시적 분위기에서 성장했다. 그 후 도쿄대학교 공학부를 거쳐 미국에 유학한 경험이 있는 인텔리였다고 한다.

오늘날 토요타의 성공과 닛산의 실패가 창업자의 개성을 바탕으로 한 기업문화에 뿌리를 두고 있다는 분석은 우리의 관심을 끌 만하다. 기업의 경영전략이나 마케팅전략, 또 그 결과로서의 기업의 업적이나 시장성과는 기업의 체질 또는 기업문화의 영향을 크게 받는다. 토요타와 닛산이 만들어내고 있는 기업 성과의 차이도 자동차 마케팅이라는 측면에서 음미해볼 가치가 있을 것으로 판단된다.

이와 함께 변화하는 환경에 능동적으로 대응하지 못할 경우 닛산과 같이 전락할 수 있다는 사실을 인식하고 시장 지향직, 마케팅 지향적으로 기업 체질 또는 기업문화를 개선하려는 노력이 필요할 것으로 생각된다.

'훈다이'를 아십니까?

　　　　현대라는 이름은 작고하신 정주영 현대그룹 명예회장의 작품이다. 현대(現代, modern)라는 말은 현대적으로 제대로 잘 살아보자는 염원이 담겨 있다. 시대가 바뀌더라도 그 시대에 가장 앞서나가고 있는 것이 바로 현대적인 것이기 때문에 지속성을 담고 있다고 봐야 한다. 그래서 현대라는 이름은 매력이 있다.

　1976년 토리노에서 소개된 포니(Pony)를 시작으로 국내시장을 석권한 현대는 자동차의 대명사가 되었다. 1985년 캐나다 시장에 성공적으로 진입한 이후 현대는 비로소 미국시장 등 세계 시장에도 알려지기 시작했다.

　당시 현대자동차 사장이 미국 자동차 관련 세미나에서 기자회견을 하고 있는데, 기자들이 "Hyundai를 어떻게 발음하는 것이 옳은가?"라는 질문을 했다. 외국인들마다 발음이 각각 달라 현다이, 헌다이, 하이운다이, 훈다이, 휸다이 등 가지각색이었기 때문이다. "어떻게 발음해도 좋으니 차만 많이 팔릴 수 있도록 도와달라"는 대답에 기자들은 폭소를 터뜨렸다고 한다.

자동차 회사 이름 중에 불어 계통에서 유래된 GM의 'Chevrolet'를 '시보레'라고 부르는 것이나, 최근 삼성자동차를 인수한 프랑스의 'Renault'를 '르노'라고 부르는 것 모두, 미국인들로서 발음하기 어렵기는 마찬가지였다고 한다. 이러한 어려운 발음으로 인해서 현대는 한번 더 기억될 수 있는 계기가 되었는지도 모른다.

현다이, 헌다이, 하이운다이, 훈다이, 휸다이 등 모든 발음에 죽음을 의미하는 다이(die)라는 단어가 숨어 있다. 그래서 세계적인 네이밍 전문회사에서 Hyundai라는 이름이 썩 좋지 않다는 지적을 한 적도 있다. 이러한 가공할 의미(?) 때문인지 미국에서는 현대의 브랜드 인지도가 가전제품을 생산하는 삼성이나 LG보다 높게 나오고 있어 재미있다. Hyundai자동차는 DIE라는 단어를 비웃듯이 한국 자동차산업의 대명사가 되고 있으며, 세계 5위의 자동차 전문기업을 꿈꾸며 오늘도 세계를 무대로 경쟁하고 있다.

현대는 1986년에 미국에 처음 진출했으며 진출 첫해부터 엑셀이 호평 속에 놀라운 판매기록을 세웠다. 엑셀의 이러한 성공은 여러 가지로 해석될 수도 있지만, 혹자는 미국의 소비자들이 현대(Hyundai)를 일본의 혼다(Honda)와 혼동했기 때문이라고 폄하하기도 했다. 두 메이커의 발음이 비슷한 데다가 회사를 표시하는 엠블렘도 영문 H자를 형상화한 것으로 미국인들이 착각을 일으켰기 때문이라는 것이다. 물론 이러한 발언은 현대를 깎아 내리려는 일본인들의 의도적인 루머(?)가 아닌가 하는 의구심마저 든다.

현다이, 헌다이, 하이운다이, 훈다이, 휸다이 등으로 불리던 Hyundai는 세계적인 회사로 성장하면서 '휸다이'라는 명칭으로 자리를 잡아가고 있다. 자동차 시장에서 차지하는 현대의 위치가 상승하면서 Hyundai의 브랜드 이미지가 높아진 결과라고 할 수 있겠다.

현대자동차는 2001년부터 일본에서 자동차 판매를 시작했다. 미국에 이어 세계에서 두 번째로 큰 시장을 외면하고는 세계적인 메이커가 될 수 없다는 당위성이 있었다. 하지만 세계적인 GM, 포드 등도 일본시장에서는 크게 고전하고 있어 쉬운 일만은 아닌 것으로 평가된다. 어쨌든 품질을 꼼꼼히 따지는 일본인들에게 현대차를 팔아도 될 정도로 품질에 자신감을 가졌기 때문이라고 하겠다. 물론 올해부터 국내 시장에 진출한 토요타자동차를 의식한 맞받아치기 전략이라고 보는 시각도 있다.

세계에서 두 번째로 큰 일본시장에 진출한 현대(現代)자동차의 발음도 마케팅 측면을 고려해서 결정되었다.

現代의 일본어 발음인 '겐다이'라고 해야 할지 아니면 '현대' 또는 '휸다이'라고 해야 할지 망설여질 수밖에 없는 문제였다. 현대자동차에서는 일본어 발음도 중요하지만 미국과 유럽시장에서 '휸다이'로 불려지고 있기 때문에 브랜드 명칭의 통일성을 기하기 위해서 '휸다이'로 호칭을 통일했다.

'세계경영'이라는 슬로건을 내걸고 의욕적으로 유럽에 진출한 대우자동차도 호칭 때문에 고민한 적이 있었다고 한다. 대우가 유럽에 처음 진출했을 때, 현지인들은 Daewoo를 '다이우'라고 발음했다. 현대, 대우에 포함된 복모음을 발음하는 데 익숙하지 않았던 것이다. 이러한 호칭에 어리둥절해진 대우에서는 '대우'라고 정확히 발음하도록 소위 '마우스(Mouth) 광고'를 실시했다. 말하자면 '대우'로 발음할 수 있는 입 모양을 크게 그린 광고를 대대적으로 내보냈다. 이러한 브랜드 명칭 광고로 인해서 대우는 초기 인지도를 크게 높였던 것으로 평가되고 있다.

토요타자동차(豐田自動車)의 영어식 회사명은 Toyota Motor Company다. 그러나 원래 일본식으로 발음하면 토요타(Toyota)가 아니라 토요다(Toyoda)이다. 토요타자동차의 모회사는 방직기제조회사였다. 1920년대의 일본에서는 방직을 제외하고는 거의 산업이 없었다. 이때 토요다방직기계의 창업자인 토요다 사키치(Toyoda Sakichi)는 자동방직기를 개발하여 크게 성공을 거두었다.

방직기계에 한계를 느낀 토요다 사키치는 차세대산업인 자동차산업에 진출하게 되었다. 이즈음 토요타자동차는 토요다방직기계의 사업부로 출발했으며 창업자 토요다 사키치의 아들인 토요다 기이치로에 의해 주도되었다.

이와 같이 Toyota자동차의 모회사는 Toyoda방직기계회사였고 창업자도 Toyoda Sakichi였다. 그런데 회사의 영어명을 Toyoda에서 Toyota로 바꾼 것은 회사의 미래를 고려해 결정한 것이라고 한다.

말하자면 토요타(Toyota)가 토요다(Toyoda)보다 발음하기가 더 수월하고 광고심리학적 관점에서도 더욱 유리하다는 전문가들의 평가를 반영했다는 것이다. 그래서 Toyoda(토요다)방직기계회사는 Toyota(토요타)자동차로 되었고 1936년 10월부터 현재까지 그대로 사용하고 있다.

현대그룹에서 현대(HYUNDAI)라는 명칭을 사용하기 시작한 것은 1946년 4월이었다. 당시 정주영 회장이 설립했던 자동차수리공장

현대와 현대자동차의 로고 및 엠블렘.

을 최초로 현대자동차공업사라고 불렀다. 그 후 현대자동차공업사는 현대건설로 합병되었다가 1967년 현대자동차주식회사로 재출범하게 되었다.

현대자동차의 영문명칭은 HYUNDAI MOTOR COMPANY다. HYUNDAI가 아니라 HYUNDAI다. 1992년 11월 현대자동차는 회사의 로고를 HD에서 H로 변경하면서 회사명도 HYUNDAI에서 HYUNDAI로 변경했다. 자동차 회사로서의 스피드감과 21세기를 향한 속도감을 부여하기 위한 전략이었다. 자동차의 곡선미를 고려한 부드러운 기업문화를 강조하기 위해서 HYUNDAI를 HYUNDAI로 바꾼 것도 광고 심리학적인 효과를 고려한 것이다. HYUNDAI보다는 HYUNDAI가 보다 부드럽고 깔끔한 느낌을 주기 때문이다. 지금도 현대자동차를 제외한 다른 현대 계열사들은 HYUNDAI로 표시하고 있다.

브랜드 명칭과 엠블렘, 이의 표기방법은 브랜드 이미지를 결정하는 중요한 요소다. 세계적인 회사가 되기 위해서는 영어식의 기억하고 발음하기 쉬운 단일 호칭이 유리하다고 한다. 브랜드를 상징하는 로고나 회사명도 마케팅적 요소를 고려해서 결정되어야 할 중요한 요소라고 한다.

벤츠의 로고와 엠블렘.

자동차 메이커로서는 벤츠의 브랜드 명칭과 '하늘, 땅, 바다'를 상징하는 원형 3등분 엠블렘이 단순하면서도 명료한 의미를 전달하고 있는 것으로 평가받고 있다. 물론 제품이 우수해 고객들로부터 호평을 받음으로써 이것들의 상징인 브랜드가 더욱 유명해진 것이라고도 볼 수 있다. 명확한 발음과 전달이 쉬운 브랜드 등 상징체계의 개발과 유지가 마케팅에서 차지하는 비중은 더욱 높아지고 있다.

3

선도자의 법칙

최초를 향한 노력이 최고의 브랜드를 낳는다

칼 벤츠(Karl Benz)와 고틀리프 다임러(Gotlieb Daimler)에 의해 1886년 휘발유를 연료로 사용하는 자동차가 세계 최초로 만들어졌다. 벤츠와 다임러는 우연히도 1886년에 똑같이 자동차를 세계 처음으로 개발했다. 이들은 각각 독일의 만하임과 칸스타트에 살았으나 두 사람은 서로 만난 적도 없었고 연구도 따로 했다. 오늘날 두 사람은 모두 자동차의 아버지로 존경을 받는다. 벤츠가 개발한 것은 3륜차고 다임러가 만든 것은 4륜차였다.

벤츠는 1886년 1월 29일 자신이 개발한 휘발유 승용차에 대해 특허를 신청했다. 그는 특허신청서에서 최초의 자동차를 '휘발유에서 발생하는 힘에 의해서 움직이는 탈 것'이라고 불렀다고 한다.

1925년 세계 제1차 대전 후의 불황을 극복하기 위해 경쟁 관계에 있던 두 회사가 합치면서 회사 이름은 다임러 벤츠로 바뀌었다.

벤츠는 충격흡수공간이라는 개념을 자동차 설계에 최초로 도입했다. 사진은 벤츠의 A-클래스 2001.

1951년 다임러 벤츠는 충격흡수공간(Crumple Zone)이라는 개념을 자동차 설계에 최초로 도입했다. 이것은 충돌할 때 엔진룸 등 차체가 충격을 흡수해 구겨지면서 운전자에게 미치는 손상을 최소화한다는 개념이다. 벤츠는 1960년대 이후 고품질, 고가격 자동차로 변신하면서 세계 최고의 자동차 메이커로 성장하고 있고 고급 승용차의 대명사가 되었다. 1978년 세계 최초로 ABS를 개발한 것도 벤츠였다.

최근 삼성승용차를 인수한 프랑스의 르노는 1900년에 최초로 지붕이 달린 승용차를 만들었다. 이 자동차는 '굴러가는 화장실, 바퀴 달린 모자'라는 별명으로 불리며 웃음거리가 됐다. 그러나 얼마 못가서 사람들은 이 자동차를 사려고 혈안이 되었다고 한다.

세계 제1위의 생산 규모를 자랑하는 미국의 GM은 1908년도에 처음으로 전기식 헤드 램프(Electric Headlamp)를 자동차에 장착하기 시작했다. 비가 내릴 때 전면 유리를 닦아주는 전기식 와이퍼(Elec-

시트로엥은 세계 최초로 전륜구동 승용차를 개발하고 자동차 A/S제도를 도입했다. 사진은 시트로엥의 'BERLINGO'.

tric Windshield Wiper)를 1925년 세계 최초로 적용한 것도 GM이었다. 1925년에 출시된 시보레 자동차에 다양한 칼라를 적용하여 칼라 마케팅 개념을 최초로 도입한 것도 GM이었다. 1972년도에 에어백을 세계 최초로 선보인 것도 GM이다.

프랑스의 시트로엥은 세계 최초로 전륜구동 승용차를 개발했으며 자동차 A/S 제도를 세계 최초로 도입하여 실시했다고 한다. 자동차 광고를 위해 1922년 세계 최초로 아프리카 사하라 사막을 횡단한 것도 시트로엥이었다. 시트로엥은 북쪽 알제리로부터 최남단 케이프타운까지 아프리카 대륙을 횡단했다. 그래서 시트로엥은 지금도 파리-다카르 랠리 등 자동차 경주에서 강세를 보이고 있으며 내구성이 우수한 자동차로 정평이 나 있다.

튼튼하고 안전하기로 유명한 볼보는 1959년 세계 최초로 안전벨트를 단 차를 만들어냈다. 볼보하면 안전성이란 말이 떠오른다. 볼보

스웨덴의 사브는 항공기 제작 기술을 자동차 산업과 접목시킨 것으로 유명하다. 사진은 사브의 컨버터블.

는 지난 수십 년 동안 일관성 있게 안전성을 강조함으로써 안전한 자동차의 대명사가 되었기 때문이다. 물론 이러한 차별적 우위를 부각시키기 위한 광고 및 홍보전략 측면에서의 노력을 무시할 수 없겠지만, 실제적인 노력도 뒤따랐다.

볼보는 또한 측면충격보호시스템(SIPS)과 스노우체인을 세계에서 처음으로 장착했다. 지금은 전 세계 자동차가 표준으로 쓰고 있는 3점식 안전벨트를 세계 최초로 장착한 것도 볼보자동차다. 헤드라이트에 와이퍼를 처음 도입한 것도 볼보이며 세계 최초로 뒷좌석 가운데 자리에도 3점식 안전벨트를 장착하였다.

스웨덴의 사브(Saab)는 제2차 대전 때부터 전투기를 생산하던 항공기 제작회사였다. 이러한 경험을 바탕으로 승용차를 설계하고 있는 사브는 항공기의 원리를 이용한 독특한 기술을 자동차에 도입했다. 1947년에 처음 출시된 사브는 유선형 승용차의 개념을 세계 최초로 도입했다. 그 당시의 자동차는 모두 박스형으로서 유선형은 획기적인 디자인이었다.

전투기의 비상 탈출 장치에서 아이디어를 얻어 썬루프(Sunroof)를 세계 최초로 장착했고, 터보 제트기의 터보 엔진을 자동차용으로

⟨사브가 세계 최초로 개발한 자동차 장비⟩

년도	자동차 장비
1971	전동식 히팅 시트 채택
1972	자동 복원 범퍼 장착
1973	도어 측면 보강 빔 장착
1976	배기가스 정화장치 개발
1977	터보 승용차 개발
1978	공기 정화 필터 장착
1980	연료 자동 조절장치 개발
1982	비석면 브레이크 장착
1983	DOHC 엔진 개발
1985	직접 점화 장치 개발
1985	안전벨트 프로텐셔너 장착
1991	무프레온 에어컨장착
1994	사고 기록 블랙박스 장착
1996	클러치 없는 변속시스템 장착

*자료: 《보이지 않는 뿌리》, 홍성태 저

처음 개발하고 도입한 것도 사브였다. DOHC엔진을 자동차 엔진으로 처음 사용한 것도 사브다.

비행기 날개와 같은 리어 스포일러를 붙여 고속주행시 차의 안전성을 유지시켜 준 것도 사브가 처음이다. 리어 스포일러는 오늘날 많은 젊은 운전자들이 멋있는 외관을 고려하여 너도나도 달고 있지만, 원래의 목적은 안전을 위한 장치였다. 사브는 항공기 설계에서 파생된 모든 기술을 자동차에 적용시켜 독특한 기능을 한 발 먼저 덧붙여 나간 것이다.

미국의 굿이어 타이어회사를 만든 찰스 굿이어(Charles Goodyear)는 오늘날과 같은 자동차 타이어 원료로 쓰는 고무를 만든 최초의 인

현대는 국내 최초로 승용형 디젤 엔진을 개발하여 싼타페, 트라제에 장착하기 시작했다.

물이다. 1839년 딱딱한 고무를 발명해낸 굿이어사는 오늘날 세계적인 자동차 타이어 명문으로 성장하고 있다.

1888년 굿이어의 고무 타이어의 뒤를 이어 영국 스코틀랜드에 살고 있는 수의사 존 보이드 던롭(Dunlop)은 공기 튜브가 들어간 고무 타이어를 세계 최초로 개발하고 특허를 냈다.

1894년 파리에서 자전거 타이어를 만들어 팔던 앙드레 미세린은 세계 최초로 오늘날과 같은 타이어를 자동차에 장착했다.

그러나 그 당시의 자동차 타이어는 모두 표면이 빤질빤질해서 겨울에는 마치 스케이트를 타는 것처럼 잘 미끄러졌다. 1908년에 파이어스톤 타이어회사가 처음으로 미끄러짐을 방지할 수 있도록 타이어 표면이 울퉁불퉁한 무늬식 타이어를 만들었다.

현대는 국내 최초로 고유 모델 포니를 만들었고 독자 기술로 자동차 엔진 및 트랜스미션을 개발했다. 뿐만 아니라 국내 최초로 전륜구동 승용차를 개발했다. 미국 시장에 독자 모델 승용차로 처녀 수출한 것도 현대였다. 경차인 아토스에서 초대형 에쿠스까지 풀라인업(Full Line-up) 체계를 구축한 것도 현대가 처음이다.

최근에는 싼타페, 트라제에 장착되기 시작한 직접분사 승용형 디젤 엔진을 국내 최초로 개발했다.

세계적인 브랜드는 하루아침에 이루어지지 않는다. 최초의 독특함, 한 발 앞선 제품화 및 차별화가 세계적인 브랜드를 만들어주고 있다. 최초를 향한 끊임없는 노력들이 최고의 브랜드를 낳는 원동력이 되고 있는 것이다.

더 좋은 것보다는 맨 처음이 낫다

　　　　　　　1990년 12월말 부평 대우자동차에서는 영국 로터스 (Lotus)사의 도움을 받아 자체 기술로 개발중인 1500cc 가솔린 엔진의 완성을 위해 막바지 힘을 쏟고 있었다. 같은 시기, 경기도 용인에 위치한 현대자동차 마북리연구소에서도 소형승용차에 탑재할 1500cc 가솔린 엔진 개발을 완료하고 발표만 기다리고 있었다.

　당시 대우에서는 국내 기술진에 의해 설계・개발된 현대의 독자엔진이 언론을 통해 곧 발표될 것이라는 정보를 입수하게 되었다. 영국 로터스사의 설계 기술을 지원 받아 독자엔진을 개발하고 있었던 대우로서는 현대의 기선을 제압해야 할 필요성이 컸기 때문에 서울 시내의 한 호텔에서 '국내 최초 독자엔진 개발완성 발표식'을 서둘러 준비하게 되었다.

　성대한 언론 발표를 위해 열심히 준비하던 중에 1991년 1월 6일

엔진은 자동차의 심장이다. 독자 엔진을 개발한다는 것은 그만큼 기술 수준이 높다는 증거가 된다.

"현대에서 국내 최초의 독자엔진인 알파엔진을 개발했다"는 언론 발표를 접하게 되었다. 현대의 기선을 제압하기 위해 열심히 준비하고 있던 대우 관계자들은 망연자실할 수밖에 없었다.

대우가 자사의 엔진개발 사실을 알고 "발표식을 먼저 하기 위해 준비하고 있다"는 정보를 역으로 입수한 현대에서 선제공격을 한 결과였다. 매스컴에서는 당연히 현대의 독자엔진 개발 사실을 대서특필하면서 "한국 자동차산업의 위상이 한 단계 뛰어올랐다"고 강조해 현대를 고무시켰다.

지금은 대부분의 엔진을 독자적인 기술로 설계하여 자체 개발할 뿐만 아니라 국내에서 생산하여 탑재하고 있다. 하지만 당시까지만 하더라도 국내 공장에서 생산은 하지만 엔진의 설계도는 일본 등 외국 메이커에 로열티를 지불하고 구입하던 시기였다.

따라서 국내 최초로 현대가 독자엔진을 개발한 것은 한국 자동차

산업 발전사에 큰 획을 긋는 대사건이었다. 동시에 1975년 포니에서 출발하여 엑셀, 쏘나타를 거치면서 국내 시장을 석권하기 시작하던 현대에게는 선두의 지위를 더욱 굳건하게 해준 쾌거였다.

이러한 기술적인 노력과 그 후 계속된 신차 개발로 현대는 한국을 대표하는 제조업체이자 자동차 메이커라는 평가를 받고 있다. 뿐만 아니라 IMF체제의 불황기에도 불구하고 공격적인 경영으로 기아를 인수한 1998년 이후에는 한국의 자동차산업에서 독보적인 지위를 더욱 굳혀가고 있는 것이다.

1996년 말, 국내 자동차업계의 10대 뉴스 중 하나는 그 해 5월부터 최초로 도입되어 발행하기 시작한 자동차카드였다. 삼성자동차와 제휴한 삼성카드를 시작으로 현대에서도 자동차카드를 발행했던 것이다. 신용카드와 연계된 자동차카드는 미국에서 가장 먼저 도입되었다. 자동차카드는 누적포인트를 활용하여 고객에게 혜택을 주고, 자사 제품에 대한 재구매를 촉진하고자 하는 '고객충성도 유지 전략' 의 일환이었다. 당시 미국에서는 GM과 포드 등이, 일본에서는 토요타가 선도적으로 자동차카드 제도를 실시하고 있었다.

현대는 1994년부터 선진메이커의 사례 조사를 토대로 자동차카드 도입을 위한 타당성 조사를 거쳐 치밀한 준비를 하고 있었다. 2년여에 걸친 사내의 사전 검토를 거쳐 현대자동차는 자동차카드 제도 시행의 발표 시기를 고르고 있었다. 그러던 중 삼성에 일격을 당하는 사건이 발생했던 것이다. 현대가 2년여 동안 비밀리에 준비하고 있던 자동차카드 제도를 삼성이 알아차리고 선수를 친 셈이었다.

1996년 5월경, 삼성은 현대에서 자동차카드 제도의 시행에 대해 곧 발표할 예정이라는 사실을 기자들을 통해서 입수했다고 한다. 이러한 정보를 입수한 삼성에서는 곧바로 '국내 최초로 선진형 자동차카드 제도를 실시한다' 는 대대적인 광고를 내보냈다. 1995년 3월, 많은 반대를 무릅쓰고 자동차산업에 진출했던 삼성은 그 당시 생산설비 구축에 여념이 없었다. 따라서 자동차카드 제도 따위에는 관심을 둘 수가 없던 시기라고 하겠는데, 삼성은 선수를 치기 위해 자동차카드 제도를 급조(?) 할 수밖에 없었다는 후문이다.

"삼성이 만들면 다릅니다"라는 대규모 TV광고 캠페인과 함께 삼성자동차카드는 자동차산업에 처음 진출한 삼성에게 고객 지향적이라는 이미지를 심어주는 중요한 역할을 해냈다. 하지만 모든 준비를 하고 때를 기다리고 있던 현대로서는 허를 찔린 치욕의 사건이었다.

닐 암스트롱은 최초로 달 표면 위를 걸었던 사람이다. 그렇다면 두 번째는 누구인가? 조지 워싱턴은 미국의 초대 대통령이었다. 미국의 제2대 대통령은 누구인가? 질레트는 세계 최초로 안전면도기를 선보였다. 그렇다면 두 번째는? 우리 나라 국보 1호는 남대문이다. 국보 2호는 무엇인가?

위의 질문에 정확하게 답하는 것은 결코 쉬운 일이 아니다. 최초 또는 1호만을 기억하기도 벅차기 때문이다. 그래서 사람들은 최초 또는 1호를 선호한다. 메이커들이 경쟁사를 제압하고 선두를 차지하기 위해 노력하는 것도 마찬가지 이유 때문이다.

경쟁사들끼리 치열한 경쟁을 벌이는 것은 결국 최초 또는 1호를 차지하기 위해서다. 현대의 알파엔진, 삼성의 자동차카드 제도 등의 사례가 보여주듯이 최초라는 사실은 고객을 설득하고 시장을 점유하는 데 있어서 매우 중요하다. 물론 매스컴에서도 최초가 우선적으로 인용되고 선두가 먼저 언급된다. 그래서 고객들의 머리 속에 좋은 이미지로 각인된다.

    이러한 사례들이 고객들의 인식 속에 누적되면 마케팅이나 판매 경쟁에서 보다 쉽게 승리할 수 있는 환경으로 이어진다. 이러한 활동의 결과 자동차는 현대, 전자는 삼성 하는 식으로 특정분야의 대표적인 회사로 인식되기도 한다. "더 좋은 것보다는 맨 처음이 낫다"라는 선도자의 법칙을 추종하는 이유가 여기에 있다. 물론 제품도 좋고 경쟁사보다 먼저 시장에 선보일 수 있다면 더할 나위 없이 좋은 것이지만.

봉고가 아니라 스타렉스라구요

봉고와 김선홍 회장은 동시에 거론되는 경우가 많다. 김선홍 회장이 마즈다에서 도입한 봉고 모델을 통해서 기아를 살렸다고 알려져 있기 때문이다. 봉고가 도산 직전에 빠진 기아자동차를 구한 효자 모델임에는 틀림없다. 다만 널리 알려지지 않은 배경이 있다.

실제의 내용을 살펴보면 "김선홍 회장이 봉고 모델로 기아를 살렸다"고 하기보다는 현대의 참여를 배제시킨 정부의 정책이 가장 큰 이유라고 할 수 있다. 정부에서 그때까지 봉고와 비슷한 HD 1000이라는 모델을 앞서 시판하며 시장을 개척하던 현대를 승용차만 생산하도록 제한했기 때문이다. 말하자면 현대가 빠진 시장에서 기아의 봉고가 '나 홀로' 주인 노릇을 했던 것이다.

봉고는 지난 1980년 기아자동차가 제2차 석유 파동으로 인하여 대내외적인 위기에 처해 있을 때 일본 제휴사인 마즈다로부터 도입

봉고는 자동차산업합리화 조치에 힘입어 1톤 트럭과 미니버스 시장에서 크게 히트해 기아의 효자 차종으로 평가받았다.

한 모델이다. 봉고는 1톤 트럭과 버스 등 2개 모델이 도입·생산되었다. 당시 김선홍 씨가 사장으로 취임하기 직전, 기아자동차는 거의 빈사상태였다. 1980년 적자 237억 원, 1981년 적자 266억 원 등 회사는 위기에 처해 있었다.

1981년 10월 취임한 김선홍 사장은 대대적인 혁신 운동과 봉고의 판매 증대에 힘입어 1년 만에 기아를 흑자로 돌려놓았다. 1982년 기아는 봉고의 판매 확대 등에 힘입어 39억 원의 흑자를 기록했다. 이듬해에는 이보다 더욱 늘어난 291억 원의 순이익을 기록하며 도산 직전에 빠졌던 경영이 완전히 정상화되었다.

포터, 그레이스, 스타렉스는 다른 어떤 차종보다 많은 수익을 현대자동차에 안겨 주는 알짜배기 모델들이다. 현대의 1톤급 트럭인 포터와 승합차인 그레이스는 1986년 말부터 판매되기 시작했다. 스타렉스는 1997년부터 국내에 출시된 모델이다. 포터와 그레이스는 "지나친 경쟁으로 인한 자동차산업의 피해를 막겠다"는 자동차산업 합리화 조치에 따라 1981년부터 1986년까지 현대가 생산할 수 없었던 차종이다. 승용차는 현대와 대우, 중소형 트럭과 승합차는 기아에서만 생산하도록 정부에서 규제를 했기 때문이다.

승합차는 1980년대 초반 이후 경제 성장과 함께 급격히 판매가 확대되었다. 1톤급 소형트럭도 자영업자의 증가와 함께 빠른 속도로 시장이 늘어났다. 기아의 봉고는 현대가 빠진 승합차와 소형트럭 시장에서 마음대로 활보했다. 호랑이가 없는 산골짜기에서 여우가 제왕 노릇을 했다고나 할까! 이에 따라 기아는 승합차와 1톤 트럭 판매 확대로 기사회생의 발판을 마련할 수 있었다.

1987년 들어 자동차산업합리화 조치가 해제되자 회사별 생산차종 특화 제도가 없어졌고 현대도 승합차와 1톤 트럭을 생산·판매할 수 있게 되었다. 기아가 독점하고 있던 시장에 현대가 본격적인 경쟁자로 등장한 셈이었다. 쉽사리 정복되지 않을 것 같던 기아의 아성은 연이어 무너졌다. 다년간 기아가 독점하고 있던 시장의 판도가 현대의 제품력과 마케팅 능력에 힘입어 6년 만에 뒤바뀌어 버렸다.

승합차인 그레이스는 1993년부터 기아의 아성을 무너뜨렸다. 1993년 그레이스는 5만 5506대가 판매되어 시장 점유율 57.8퍼센트로 봉고 버스에 앞서기 시작했다. 그레이스는 그 후 스타렉스가 등장하기 이전까지 매년 가장 많이 판매된 승합차 모델이었다.

당시 승합차는 승용차처럼 엔진 공간이 돌출 되어 있지 않아 충돌 안전성에 치명적 약점을 지니고 있었다. 그래서 고객들은 승합차의 충돌 안전성에 대해서 가장 크게 우려했다. 현대는 이러한 고객들의 우려를 고려하여 1997년 승용차처럼 안전을 우선으로 엔진이 전방으로 돌출 되도록 설계한 스타렉스를 출시했다.

스타렉스는 판매되자마자 봉고 승합차, 그레이스, 이스타나가 3파전을 벌이던 시장을 단번에 재편해 버렸다. 기존 상품과 전혀 다른

스타렉스는 승합차 시장을 일거에 평정해 버렸지만, 지금도 '봉고' 라고 부르는 사람들이 많다.

컨셉과 뛰어난 시트 활용성을 주요 공략 포인트로 제시했기 때문이다. 2000년 한 해 동안 스타렉스는 12만 대의 승합차 시장에서 7만 3420대가 판매되어 시장의 60퍼센트를 점유했다. 스타렉스는 EF쏘나타, 포터에 이어 2000년 자동차 판매 순위에서 3위를 차지했다. 스타렉스와 더불어 그레이스도 승합차 시장 점유율 2위를 차지하며 쌍용 이스타나, 기아 프레지오를 따돌리고 있다.

포터도 봉고가 장악하고 있던 1톤 트럭 시장에서 1994년 1위로 등극했다. 포터는 1994년 9만 8234대가 판매되어 시장점유율 54.2퍼센트를 기록함으로써 선두에 올라섰다. 포터도 그 후 지금까지 선두자리를 계속 고수하고 있다. 2000년에는 8만 4916대가 판매되어 EF쏘나타에 이어 판매 순위 2위를 기록했다. 1톤 트럭 시장에는 대우가 바넷트라는 모델로 1987~92년까지, 삼성이 야무진이라는 모델로 1998~2000년까지 참여했지만 선두 탈환을 위한 현대와 기아의 치열한 마케팅 전쟁에 떠밀려 전혀 자리를 잡지 못하고 퇴출이 되었다.

시장 참여자가 많아야만 경쟁이 치열해지고 제품이 개선된다고 한다. 하지만 1톤 트럭을 둘러싼 현대와 기아 두 회사의 치열한 경쟁을 통해서도 국내 1톤 트럭은 일본의 동급 차량에 비해 제품력이 월등히 우수한 것으로 평가받고 있다.

포터, 그레이스와 스타렉스는 국내 시장뿐만 아니라 유럽, 중동, 남미 등 해외 시장에도 적지 않게 수출된다. 1999년의 경우 이들 3개 모델을 합쳐 약 10만 대가 해외 시장으로 수출되었다. 베르나, 아반떼XD 등 승용차만 수출되는 것으로 오해하는 사람들도 있지만 포터와 스타렉스 등은 승용차보다 높은 수익을 남기며 세계 시장으로 수출되고 있는 것이다.

1994년 이후 포터는 1톤 트럭 시장에서 줄곧 선두를 지키고 있지만 여전히 봉고 트럭이라고 부르는 사람들이 많다.

포터, 그레이스, 스타렉스는 이러한 국내외에서의 명성에도 불구하고 여전히 일반 국민들로부터 봉고 또는 봉고차라는 명칭으로 통용되고 있다. 기아 봉고 버스와 봉고 트럭이 국내 고객들에게 워낙 강한 인상을 남겼기 때문에 비슷한 형태의 차량을 봉고차라는 이름으로 부르고 있는 것이다.

"더 좋은 것보다는 맨 처음이 낫다"라는 선도자의 법칙과 "시장에 먼저 들어가는 것보다 고객의 기억 속에 맨 먼저 들어가는 게 더 중요하다"라는 기억의 법칙이 적용된 결과라고 하겠다. 아무리 포터, 그레이스, 스타렉스가 시장에서 기아 봉고의 아성을 일찌감치 무너뜨리고 1위를 달려 왔지만 일반 국민들은 여전히 선도자 봉고의 기억을 그대로 간직하고 있기 때문이다.

봉고 또는 봉고차는 국어 사전에 게재해도 무방할 정도의 일반명사가 되었다. 기아의 봉고는 독점 생산을 하는 가운데 어느덧 1톤 트럭과 승합차의 대명사가 되어 버렸던 것이다. 신문기사에서도 뉴스에서도 봉고차는 1톤 트럭과 버스를 대표한다. 사람들은 포터를 보고도 봉고, 그레이스를 보고도 봉고, 스타렉스를 보고도 봉고차라고 한다. 심지어는 현대에 근무하고 있는 일부 직원들마저도 스타렉스를 타고 갔으면서도 봉고차 타고 갔다고 우긴다.

포터와 그레이스, 스타렉스는 현대에서 개발한 한국의 대표적 1톤 트럭이자 승합차들이다. 그렇지만 고객들의 기억 속에는 여전히 봉고차로 각인되어 있다. 고객의 인식에서 승리한 봉고, 그리고 실제 판매에서 승리한 포터와 스타렉스. 이러한 양면성은 마케팅 측면에서 시사하는 바가 크다고 할 수 있겠다.

혹독한 시험과 좋은 자동차

2001년 3월 서울시 개인택시조합을 방문한 적이 있다. 정부에서 추진중인 9~10인 다인승 대형 택시 제도와 관련된 사항을 협의하기 위해서였다. 모범택시, 일반택시, 브랜드택시, 다인승 대형 택시 등 택시 제도의 다양화와 함께 개인택시조합에서는 택시 칼라의 다양화를 추진하고 있었다. 최근 100년 역사를 자랑하며 영국의 명물로 사랑 받던 런던 택시의 칼라도 검정 일색에서 형형색색의 바디칼라로 바뀌었다고 한다.

개인택시조합에서는 이러한 추세와 더불어 각 택시 및 법인 택시와의 차별화를 위해 현재 회색, 검정색, 흰색이 주류를 이루고 있는 택시 칼라의 변화를 원하고 있었다.

협의를 하던 중 조합의 실무자가 뜻밖의 질문을 해왔다.

"택시에 적용될 칼라를 우리가 선정하면, 1개월 뒤에 그 칼라가 적용된 택시를 공급해줄 수 있습니까?"

"그것은 도저히 불가능합니다. 신규 칼라를 적용할 경우 최소 6개월에서 1년의 기간이 필요하거든요."

우리의 대답에 그는 깜짝 놀라는 표정을 지었다. 사소한(?) 바디칼라 하나를 개발하는 데 1년이 걸린다는 사실을 도무지 이해하지 못했던 것이다.

간단한 것으로 보이는 바디칼라도 색상의 선정에서 시작하여 견본품 개발, 차체 접촉 부위에서 발생할 수 있는 기포 및 뭉침 현상 등의 방지를 위한 품질 테스트, 환경 변화에 따른 변색 여부의 평가 등 다양한 내구성 시험을 거친다. 이러한 시험을 통과하더라도 대량 생산에 필요한 균일한 품질의 도료 개발과 공급, 직접 생산라인에서의 양산 테스트 등에 이르기까지 단계별로 많은 시간을 필요로 한다. 특히 바디칼라 개발 과정에서 가장 중요하고 시간을 많이 필요로 하는 것은 내구성 시험이라고 할 수 있다.

"과부를 처녀로 속일 수는 있어도 자동차의 성능과 품질은 속일 수 없다"는 우스개 소리가 나돌 만큼 품질이 그대로 드러나는 곳이 자동차시장이다.

국내 최초로 고유 모델의 자동차를 개발한 현대가 1976년 중동에 포니를 처음 수출했을 때의 일이다. 포니가 처녀 수출된 사우디아라비아 현지에서 급작스런 SOS가 들어왔다. 멀쩡하게 수출된 차량의 핸들이 휘고 시트의 재질이 엉망이 되었다는 전화였다. 일부는 천이고 일부는 비닐인 시트의 재질이 뜨거운 태양열을 받자 수축되거나 녹아 내려 이음매 부분이 몽땅 터졌다는 것이다. 뿐만 아니라 뜨거운 자외선에 검정 색소가 전부 날아가 버려 검은색으로 수출된 시트커

버는 붉은 색으로 변했다는 것이다.

당시 현대는 영상 40~50도의 혹서와, 영하 40도 이하의 혹한에 대한 테스트를 거쳐서 차량을 수출했다. 하지만 중동 지역에서는 차 위에다 계란을 깨놓으면 그냥 프라이가 될 정도고, 한낮에는 차 내부 온도가 100도를 넘는 경우가 다반사였기 때문에 그 정도로는 대응에 한계가 있었던 셈이다.

트라제는 1999년 하반기에 출시되어 소비자들로부터 큰 호응을 얻었다. 그런데 얼마 지나지 않아 점화코일 문제로 운행 중 시동이 꺼지는 현상이 다수 발생한다는 구입자들의 불만이 제기되었다. 이와 함께 안티트라제(Anti-Trajet)라는 인터넷 사이트까지 생기면서 점화코일과 관련된 문제점 등의 해결을 요구하면서 조직적인 소비자 운동으로 확산되기도 했다.

트라제뿐만 아니라 모든 자동차들은 판매되기 약 2년 전부터 각종 시험을 거친다. 시험은 완전한 형태의 차량이 생산되기 2년 전부터 실시되기 때문에 거의 수작업으로 제작된 프로토카(Proto Car)나 시험 라인에서 생산된 파일럿카(Pilot Car)로 실시된다. 시험은 법규에서 강제하는 것과 메이커에서 필요에 따라 자체적으로 실시하는 것이 있는데 그 종류는 수천 가지에 이른다.

구체적으로 살펴보면 먼저 엔진 출력 및 배기가스, 차량의 속도, 등판 능력 등을 측정하는 각종 성능 시험이 있다. 충돌 시 운전자 및 탑승객과 차체의 피해 정도를 분석하는 충돌 시험(Crash Test), 차내에 물이 스며드는지를 점검하는 수밀도 시험, 공기 저항과 역학 구조를 점검하는 풍동 시험(Wind Tunnel Test), 소금물과 진흙탕에서 실시하는 부식 시험 등이 있다. 또한 영하 50도 이하의 냉동실에서 실

충돌 시험은 신차 개발시 반드시 필요한 중요한 시험이다. 사진은 EF쏘나타의 신차 충돌 시험 장면.

시하는 혹한 시험, 영상 50도 이상의 사막 기후를 고려하여 실시하는 혹서 시험, 요철(凹凸) 도로를 달리는 진동 시험, 고속주행 도로에서 16만 킬로미터를 달리는 내구성 시험 등이 있다. 끝으로 각종 실내외 소음 시험, 브레이크 제동 능력 시험, 연비 시험, 냉각 성능 시험, 조종 안전성 시험, 에어컨과 히터 등의 공조기기 성능 시험, 승차감 시험 등이 있다. 위에 열거된 각종 시험은 새로 출시되는 차에만 적용되는 것이 아니라 시판 중인 차량의 일부 부품이 변경되었을 경우에도 법규 및 품질 확인 차원에서 실시된다.

자동차 메이커들은 실험실과 주행 시험장에서의 테스트와 함께 차량을 직접 현지로 가져가서 시험하는 로드 테스트(Road Test)도 중요시한다.

로드 테스트는 스웨덴이나 캐나다 북부의 혹한 지대와 미국의 애리조나 사막의 혹서 지역 등 최악의 조건에서 실시된다. 이들 지역에서 시동은 제대로 걸리는지, 에어컨과 히터의 성능에는 문제가 없는지, ABS 등 브레이크 제동은 잘 되는지, 핸들의 움직임은 적당한지

현대자동차 남양종합연구소와 주행 시험장.

등 기후 변화에 따른 자동차의 여러 가지 성능 변화를 확인한다.

이상과 같이 메이커들은 2년여에 걸쳐 현존하는 모든 최악의 조건을 고려해서 각종 시험을 실시하고, 그 결과를 반영하여 완벽한 차를 만들기 위해 노력한다.

그리고 완벽한 차를 만들기 위한 시험에 동원되는 차량도 수백 대에 이르고 있으며 최근에는 더욱 증가하고 있다. 완벽한 작품을 위해 마음에 들지 않는 도자기들을 희생시키듯이 자동차 메이커도 동일한 작업을 하고 있다. 그나마 컴퓨터 시뮬레이션 기술의 발전으로 각종 충돌 테스트 등이 컴퓨터의 3차원 분석으로 대체되고 있어 메이커로서는 다행스러운 변화라고 하겠다.

"품질 제일"을 외치는 일본 메이커들도 과거에는 신차가 판매된 후 소비자들이 운행하는 가운데 발생하는 문제점들을 피드백(Feed Back)하는 것이 관례였다고 한다. 말하자면 시장에 내놓으면서 품질 개선을 추진하는 식이었다.

그러나 치열한 경쟁과 소비자들의 품질 및 안전에 대한 관심 증대가 메이커들의 이러한 관행을 변화시켰다고 한다. 최근 들어서는 리콜 제도 및 제조물책임법(PL) 등의 영향으로 메이커들이 더욱 적극적으로 품질을 챙기고 있다. 더구나 품질에 문제가 생기면 사람의 생명과 관련된 사고를 유발할 수도 있기 때문에 안전성과 관련된 시험은 철저하게 실시되고 문제점이 확인되면 반드시 개선된다. 하지만 자동차의 운행 특성상 품질 문제 제로(0)화를 달성하는 것은 거의 불가능하고 최소화하는 것이 현실적이라고 할 수 있다.

이러한 시험을 거치면서 거의 완벽을 기해 생산된 자동차가 소비자에게 인도된다. 그러나 인간 능력의 한계 때문에 품질 문제는 어쩔 수 없이 발생하고 있다. 더러는 전혀 예상하지 못한 곳에서, 일부는 사전에 우려되던 곳에서 발생하기도 한다. 그리고 시험이 불충분했다거나 시험을 했더라도 그 결과를 잘못 분석하여 제대로 대처하지 못했기 때문에 발생하기도 한다. 위에 지적된 트라제 점화 코일도 여러 가지 시험을 통해 확인되고 점검되었지만 사전에 걸러지지 못한 품질 문제라고 할 수 있다.

싼타페는 미국 시장을 겨냥해서 만든 미국 수출 전략형 모델이다. 미국의 스튜디오에서 현지의 트렌드를 고려해서 디자인된 제품이다. 뿐만 아니라 미국 소비자들에게 선보이기 약 15개월 전부터 미국 현지에서 각종 시험이 실시되었다. 공기가 희박한 록키 산맥에서 숨막히는 대도시인 뉴욕의 맨하탄에 이르기까지 미국의 실제 도로상에서 미국 운전자에 의해 각종 테스트가 실시되었다.

현대는 시험에 동원된 100여 대의 싼타페 테스트카(Test Car)에서 발생하는 문제점을 확인하고 진단했으며 생산되기 이전에 완벽하게 개선되도록 노력했다. 그 결과 싼타페는 완벽한 품질로 미국 시장에서 선풍적인 인기를 얻고 있다.

자동차는 2만여 개의 각종 부품과 복잡한 장치들로 연결된 기계라고 할 수 있다. 그리고 텔레비전이나 냉장고와 같이 고정된 장소에 얌전히 모셔진 채로 사용되는 기계가 아니라 수명이 다할 때까지 줄기차게 운행되는 기계다. 국내외의 다양한 지역과 사용 환경, 그러니까 "혹한의 시베리아에서 혹서의 아프리카까지" 자동차가 운행되는 환경은 너무나 다양하다.

이처럼 다양한 사용 환경에서 품질과 안전성에 문제를 일으키지 않도록 하기 위해서는 수천 가지의 가혹한 시험은 불가피한 현실이다. 메이커로서는 어떠한 운전자가 어떠한 환경에서 자동차를 어떻게 사용하는지 예측하기 어렵고, 또 운전자는 폐차될 때까지 차량의 모든 것을 주시하기 때문이다.

자동차가 출시되기 전에 실시되는 혹독한 시험은 좋은 자동차를 만드는 전제 조건이다. 반드시 그런 것은 아니지만 좋은 자동차는 혹독한 시험의 산물이라고 할 수도 있다. 출산에도 10개월의 기간이 필요하듯이 소비자에게 선보이기 전에 이루어지는 시험의 양과 질이 깊을수록 좋은 자동차가 탄생된다. 그렇지만 소비자들은 하나의 제품이 만들어지기까지의 과정에서 필연적으로 발생하는 피와 땀과 눈물에 대해서 감사하거나 염려하지 않는다. 그들은 단지 보기에 멋있고, 잘 달리며, 느낌이 좋으면서도 가격은 적당한 차량을 원할 뿐이다.

4

선택과 집중

스즈키의 한 우물 파기

자동차는 대형차일수록 차량 가격 대비 수익성이 높다. 소형차보다는 중소형차, 중소형차보다는 중형차 쪽에서 많은 수익이 발생하는 구조다. 소형차와 대형차의 제조 과정을 비교해보면 재료비 차이는 대단하지 않고 제조 비용도 크게 차이가 나지 않는다. 크건 작건 2만 5000개 내외의 부품이 들어가고 제조 과정도 동일하기 때문이다. 따라서 팔리기만 한다면 값이 비싼 큰 차를 만드는 것이 자동차 회사에게는 더 이익이 된다.

   설계 및 생산 현장에서의 조립 과정도 큰 차 쪽이 수월하다. 아토스나 마티즈의 좁은 공간에 필요한 장비를 골고루 집어넣는 것은 여간 어려운 게 아니다. 다이너스티나 에쿠스 같은 넓은 공간에 큰 장비들을 설계하고 조립하는 것이 아토스나 마티즈에 비해서는 훨씬 용이하다고 하겠다.

그럼에도 불구하고 현대에서 아토스, 대우에서 마티즈를 포기하지 못하는 것은 고객들의 특성 때문이다.

아토스를 구입해 만족한 고객은 나이가 들고 소득이 증가함에 따라 베르나나 EF쏘나타를 구입할 가능성이 높다. 반대로 마티즈를 구입한 고객은 자동차를 교체할 때 라노스, 누비라로 옮겨갈 확률이 높다. 말하자면 이행 확률이 높아진다.

사람의 라이프사이클이 변해감에 따라 자신이 처음 구입한 메이커의 자동차를 구매할 확률이 높다는 것은 통계적으로도 증명되고 있다. 자신이 익숙한 스타일링, 내부 구조, A/S 센터, 영업사원 등 변화를 싫어하는 사람의 특성이 자동차 구매에도 그대로 나타나는 것이다. 소비자들은 특정 메이커의 자동차에 익숙해지면 큰 문제가 없을 경우 그 메이커의 차량을 계속해서 고수하려는 경향이 심리적으로 강하다고 한다.

이러한 구매 행태의 변화를 가장 적절히 이용한 메이커가 일본의 혼다(Honda)다. 혼다는 미국 자동차 시장에서 이른바 '라이프사이클 마케팅(Life Cycle Marketing)' 개념을 도입하여 성공했다. 미국 자동차 시장에서 같은 회사 제품의 재구매율은 40퍼센트 수준이지만, 혼다는 이 개념을 도입하여 65퍼센트까지 끌어올렸다고 한다.

혼다의 판매 전략은 소형차인 시빅(Civic), 중형차인 어코드(Accord), 어코드 왜건(Accord Wagon), 고급차인 아큐라(Acura)를 고객 층의 연령대를 쫓아가면서 출시하여 재구매율을 높임으로써 성공했던 것이다. 말하자면 미국 진출 초기에는 시빅밖에 없었으나 시빅을 구매한 고객이 차를 바꿀 시점에는 어코드를, 어코드를 구매한 고객이 차량을 교체할 시점에는 고급차인 아큐라를 때맞추어 출시했던 것이다.

이처럼 특정 제품에 성공한 회사는 그 제품과 연관된 제품을 개발하여 시장을 확대하기를 원한다. 소위 '계열 확장의 전략'에 나서게 되는 것이다. 고급 대형차의 대명사인 벤츠가 소형승용차인 A클라스를 개발하는 것도, BMW가 SUV인 X5를 출시한 것도 같은 맥락이다. 현대도 포니에서 시작하여 최근에는 4500cc급 초대형 승용차인 에쿠스까지 출시했다.

그런데 이러한 전략을 거부하고 철저히 한 우물을 파는 자동차 메이커가 있다. 국내에는 효성 스즈키라는 오토바이로 잘 알려진 일본의 스즈키(Suzuki) 자동차다.

스즈키는 경차에만 전념하여 이 부문에서 세계 최고의 경쟁력을 보유하고 있는 특이한 메이커다. 토요타처럼 스즈키의 경우도 섬유기계제작공장에서 출발하여 자동차 회사로 성장했다. 1952년 보조엔진을 장착한 자전거 개발을 시작으로 1954년에는 360cc 공랭식 엔진의 스즈라이트(Suzulight)를 발표하며 자동차산업에 처녀 진출했다. 그 후 Prody 360, Jimmy 등을 출시했으며 이후 아토스의 벤치마킹 모델이 된 Alto, Wagon R 등을 선보이며 일본 경차 시장에서 최대 메이커로 성장했다.

일본 경차 시장에는 스즈키 외에 토요타 계열의 다이하츠, 미츠비시, 혼다, 마즈다 등 6개 업체가 치열하게 경쟁하고 있다. 이러한 경차 시장에서 스즈키는 30퍼센트대의 시장 점유율로 계속 1위를 유지하고 있을 뿐만 아니라 1990년대 이후 계속적으로 수익을 내고 있는 특이한 업체다.

1999년의 일본 전체 자동차 시장 규모는 589만 대였으며 이중 경

스즈키는 경차를 중심으로 '작은 차 만들기 1등 기업'이라는 전략을 펼치고 있다. 사진은 스즈키의 경승용차 '알토'.

차는 191만 대가 판매되었다. 스즈키는 191만 대의 경차 시장에서 약 63만 대를 판매하여 30.8퍼센트의 점유율을 기록했다.

스즈키는 인도의 합작공장에서도 50만 대의 생산체제를 유지하고 있는 등 개발도상국에 대한 현지 투자도 확대하고 있다. 일본 국내와 인도 등 해외 부문을 포함하여 스즈키는 경차 중심으로 200만 대의 생산체제를 구축하고 있다. 인도의 경우 자동차 시장이 성숙하는 시점에 경차를 출시하여 70퍼센트 내외의 압도적인 점유율을 기록하고 있는 등 일찍이 경차를 중심으로 "작은 차 만들기 1등 기업"이라는 전략을 실천해 오고 있다.

스즈키의 이러한 성공은 '선택과 집중'이라는 전략으로 설명될 수 있을 것이다.

스즈키는 오토바이 개발과 생산에서 출발한 노하우를 적절히 활용하여 경차 시장에 진출했다. 여기에다 철저한 원가절감과 공용화 전략으로 수익 구조가 좋지 않은 경차 시장에서 수위를 유지하며 매년 수익을 내고 있는 것이다.

다른 메이커들이 흉내내기 어려운 1대당 2만 개에 달하는 자동차 부품을 1그램씩 가볍게 하는 '1부품 1그램 저감 운동'과 '1부품 1엔 절감 운동'이 스즈키자동차가 수익을 내는 근원이라는 지적이 많다. 스즈키자동차의 설립자인 스즈키(鈴木) 사장이 일본의 〈닛케이 비즈니스(Nikkei Business)〉지(誌)와 인터뷰한 내용에서 스즈키가 성공하는 이유를 찾아볼 수 있다.

"세계적인 대기업의 입장에서 보면 스즈키는 영세 기업이다. 뱁새는 뱁새대로 황새는 황새 나름대로의 길이 있는 것이다. 철저하게 작은 자동차 제작에만 주력하여 그 강점을 살려 세계로 도약할 길을 모색할 것이다. 표적 시장을 한정하면 세계적 대기업인 GM, 포드와도 경쟁할 수 있다. 그리고 모든 시장에서 승리하려고 하지 않는다. 어느 특정 국가의 시장을 겨냥해서 우리의 장점을 살려 사업을 전개해 나갈 것이다. 예를 들어 헝가리에서는 스즈키와 GM이 공장을 건설하여 경쟁하고 있으나, 당사의 점유율이 오히려 높다. 작은 시장인 만큼 대기업은 본격적으로 힘을 기울이지 않기 때문에 노력 여하에 따라서는 우리도 승리할 수 있는 것이다. 우리는 배기량 800cc 혹은 660cc 자동차를 중심으로 사업을 전개해 나갈 것이다. 1300cc, 1500cc까지의 차종도 일부 제작하고 있으나 수량이 적으며 그 이상급은 진출하지 않을 것이다. 그것은 황새의 흉내를 내는 꼴이다. 당사의 강점은 소형차만 생산하고 있다는 것이므로 중대형차를 생산하면 강점을 잃어버려 생존할 수 없기 때문이다."

세계적인 자동차 메이커들의 인수 합병에 따른 구조 재편과 대형화의 물결은 스즈키 자동차에게도 큰 위협으로 작용하고 있다. 그리고 스즈키의 가장 큰 해외 시장이라고 할 수 있는 인도에서도 현대의 쌍트로(아토스의 인도 현지 모델명)로부터 거센 도전을 받고 있다. 뿐만 아니라 토요타가 세계 전략용 소형차인 Vitz로 공세를 가하고 2위인 다이하츠도 경차 시장에서 스즈키를 맹추격하고 있어 스즈키의 '한 우물 파기 전략'이 계속적으로 성공할 수 있을지 지켜보는 일도 흥미로울 것이라 생각된다.

마케팅에 강한 대우?

　　　　　　볼보는 안전의 대명사다. 토요타 렉서스는 타협 없는 품질을 지향한다. BMW는 최고의 핸들링과 주행 성능을 자랑하는 자동차. 폭스바겐은 독일의 엔지니어링 기술이 만들어 낸 작지만 빈틈없는 차로 평가된다. 벤츠는 명예와 부의 상징이다.
　이와 같이 각 자동차 메이커들은 자사의 독특한 이미지, 즉 브랜드 이미지를 가지고 있다. 브랜드 이미지는 소비자들의 머리 속에 인식되어 있는 것이다. 이런 인식은 하루아침에 형성되지 않는다. 명차(名車)들은 그들 나름의 브랜드 이미지를 쌓기 위해 제품 및 광고를 포함한 장기적인 마케팅 활동을 펼친 결과다. 따라서 브랜드 이미지는 과거의 소산이며 지금까지 이루어진 활동에 대한 소비자들의 인식이라고 할 수 있다.
　브랜드는 기업과 소비자를 연결하는 연결고리이자 의사소통의 매개체로 평가된다. 좋은 브랜드는 소비자가 믿을 수 있는 가치와 내용을 담고 있다. 브랜드의 가치는 저비용 고효율의 마케팅 수단이며 커뮤니케이션 수단이다. 소비자들은 볼보라는 브랜드에서 안전성을 떠올리고 그에 대한 신뢰를 표시하며 고가임에도 불구하고 기꺼이 볼보차를 구매하는 것이다.

현대차는 스타일과 종합 완성도가 뛰어난 것으로 국내 소비자들에게 인식되고 있다. 기아는 안전하고 튼튼하며 잔 고장이 없는 차로 평가되고 있다. 대우자동차는 마케팅 능력이 뛰어난 회사라는 지적이 많다. 특이한 것은 마케팅 능력이 우수한 회사로 현대를 꼽은 사례는 많지 않다는 점이다. 마찬가지로 대우차나 기아차에 대해서 종합 완성도가 뛰어나다는 평가는 낮은 것으로 조사되고 있다.

소비자들은 현대차에 대해서 디자인, 승차감, 내구성, 엔진 등 전반적으로 성능이 좋은 것으로 평가하고 있다. 그래서 편안함과 신뢰감을 주고 있으며 미래 지향적이고 경쟁력이 있는 자동차 메이커라는 평가를 하고 있다. 대체로 긍정적이고 무난한 평가라고 할 수 있다.

하지만 마케팅이 강한 회사라는 평가는 높지 않다는 사실이 재미있다. 반면에 대우는 마케팅이 우수한 회사라는 지적이 많아 대조적이다. 왜 이러한 현상이 발생했을까?

흔히 마케팅의 주요한 4가지 핵심 활동 영역은 4P로 일컬어진다. 제품(Product), 가격(Price), 유통(Place), 촉진(Promotion)이 그것이다. 마케팅은 제품 전략, 가격 전략, 유통 전략, 촉진 전략 등을 통해서 최적의 상품을 개발하고 소비자와 회사의 이익 극대화를 추구하는 활동이라고 할 수 있다.

마케팅은 개발 및 생산과 판매 현장을 연결하는 고리인 셈이다.

대우는 가장 열성적으로 소비자들의 눈에 띄는 광고 및 이벤트 활동을 벌여 마케팅에 강하다는 인상을 받는다.

선택과 집중

소비자들이 원하는 바를 개발 부문에 전달해서 좋은 제품이 나오도록 한다. 아울러 개발된 자동차를 효과적으로 소비자들에게 전달하여 판매가 극대화되도록 지원한다. 마케팅 활동에서 가장 중요한 것은 소비자들이 요구하는 제품을 적정한 가격에 만들어내는 것이라고 할 수 있다. 그리고 이러한 마케팅 활동은 주로 상품과 광고 이벤트라는 측면에서 외부에 노출된다. 자동차의 경우 신차를 통해서, 그리고 이의 판매 확대를 위한 광고와 각종 이벤트를 통해서 소비자들에게 선보이게 되는 것이다.

현대자동차의 마케팅이 약하다는 평가는 많은 시선이 집중되는 광고 및 이벤트 활동이 마케팅 활동의 중심이라고 인식하는 소비자들의 편견에서 파생된 것으로 보인다.

사실 광고 및 이벤트 활동은 대우가 가장 열성적으로 해오고 있으며 이에 대해 좋은 평가도 많았다. 신형 자동차에 대한 테스트드라이버제도, 대학생 마케팅모니터제도, 무보증할부제도 등은 대우에서 선도적으로 도입한 이벤트들이다. 레간자의 개구리 광고 시리즈는 '마케팅 대우'라는 인식을 확실하게 심어준 대표적인 광고라고 할 수 있다.

대우에서 광고 및 이벤트에 많은 관심과 비용을 투자하는 것은 마케팅 본연의 핵심 활동이라고 할 수 있는 제품 전략에 문제가 있기 때문이다. 개발과 생산의 협동 작업을 통해서 적정한 가격의 좋은 제품을 만들어내는 마케팅의 가장 중요한 활동인 제품 전략에서 대우는 큰 성공을 거두지 못하고 있다. 따라서 상품으로서의 자동차에서 경쟁력을 가지지 못하자 마케팅의 부수적인 활동인 광고, 홍보 이벤트에 많은 집착을 하게 된다. 색다른 이벤트나 크리에이티브가 반영된 광고를 하지만 제품이 뒷받침이 되지 않기 때문에 효과는 미미한 것이다.

대우의 마케팅 능력이 강하다고 하지만 판매대수 측면에서는 그리 강하지 못하다. "소리 없이 강하다"는 레간자의 판매가 소리 없이 줄어들고 있는 사실에서도 알 수 있다.

판매대수를 결정하는 제1의 요소는 무엇보다도 제품이기 때문이다. 마음에 들지 않는 고가의 자동차를 광고나 홍보 이벤트에 현혹되어 쉽게 구입하는 소비자는 많지 않다.

일본 미츠비시 종합연구소의 조사보고서에 따르면 자동차 판매를 결정하는 데 있어서 제품이 85퍼센트의 영향을 미치는 것으로 나타나 있다. 다음으로 유통 채널과 영업 인력의 능력, 광고 및 홍보 이벤트가 그 나머지를 차지하는 것으로 조사되고 있다.

이러한 통계는 마케팅이 강하다는 평가를 받는 대우의 현상을 이해하는 데 그대로 적용된다.

위에 지적된 것처럼 마케팅 활동의 본질적인 측면에서 바라볼 때 "현대의 마케팅은 강하고 대우의 마케팅은 약하다"는 것이 정확한 표현인 셈이다. 마케팅 활동에서 제품 전략이 차지하는 비중이 가장 높기 때문이다. 시장 동향이나 소비자들의 욕구를 정확히 반영한 제품이 출시되고 시장에서 계속해서 1위를 유지하는 것은 그만큼 마케팅 활동이 효과적으로 진행되었다는 것을 의미한다.

현대와 대우의 사례는 일본 메이커에서도 그대로 나타나고 있어 재미있다. 일본 1위 메이커인 토요타도 제품은 우수하나 광고 및 이벤트 전략은 닛산에 비해 뒤진다는 평가를 받고 있다. 이색적인 홍보 및 광고 이벤트는 닛산이 잘하는 것으로 인정되고 있다는 말이다. 그런데 닛산은 판매 부진으로 도산하여 르노에 인수되었고 토요타는 세계적인 자동차 메이커로 성장하고 있는 것이다.

제품 전략이 뛰어난 현대가 광고 및 홍보 이벤트에 약한 이유는 선두 메이커로서의 보수적 성향이 반영된 결과라는 지적이 많다. 선두 메이커의 입장에서는 디자인과 성능이 좋은 자동차를 개발하는 것이 가장 중요하다. 단기적인 광고 및 홍보 이벤트는 장기적인 판매에 크게 도움이 되지 못하기 때문이다.

물론 좋은 제품 전략에다가 뛰어난 광고 이벤트가 가미된다면 더할 나위 없다는 것은 불문가지라고 하겠다.

전통적으로 현대자동차는 광고 이벤트에 많은 비용을 투자하지 않고 있다. 불가피하게 필요한 투자라고 생각하는 경향이 강하다고 할 수 있다. 이것은 최근의 광고비 지출 통계에서도 그대로 나타난다. 현대의 1999년 광고비는 546억 원으로 대우와 같았으며, 2000년에도 631억 원으로 대우와 거의 차이가 없었다.

광고 내용도 색다른 이미지를 전달하는 것보다는 선두 메이커로서 제품 위주의 표현이 주였다. 또한 이벤트도 새 모델이 출시되었음을 알리는 것이 보통이고 효율성을 가장 중요시하고 있다.

현대에서는 신차가 출시되면 초기에 집중적인 광고 및 이벤트를 실시하여 자리를 잡도록 지원한다. 그 이후에는 최대한 빨리 소비자들에게 인도되도록 만든다. 제품에 자신이 있기 때문에 소비자들의 눈에 익숙하게 만드는 것을 최대의 광고 전략으로 삼고 있다. 도로 위를 달리는 실물 제품의 노출을 통한 광고라고 할 수 있을 것이다.

현대를 포함하여 국내 자동차 메이커들의 브랜드 이미지는 아직도 미약하다고 할 수 있다. 국내 자동차 메이커들의 브랜드 이미지는 개별 차종에서 연상된 것으로 앞서 설명된 세계적인 메이커들과는 달리 회사 전체적인 브랜드 이미지의 형성은 부족하기 때문이다.

현대차에서 쏘나타가 연상되며 기아차는 프라이드와 카니발이 가장 많이 연상되는 것으로 조사되고 있고, 대우차는 르망과 마티즈로 연결되는 경향이 강한 것으로 나타나고 있다.

국내 메이커들도 향후 세계적인 메이커로 성장하기 위해서는 글로벌 마케팅 전략이 필요하다. 브랜드 이미지를 제고하고 한국자동차가 세계적인 브랜드로 인식될 수 있도록 보다 많은 노력이 뒤따라야 할 것이다.

오늘날의 마케팅 활동은 개별적으로 이루어지는 것이 아니고 점차 통합화되고 있다. 즉 '통합마케팅전략'을 통해서 브랜드 가치를 극대화시키는 방향으로 전개되고 있다. 따라서 제품 전략에만 치중하는 현대든 광고 및 이벤트 전략에만 집중하는 대우든 모두 한계가 있는 셈이다. 이러한 모든 활동들이 통합되어 세계의 소비자들이 현대, 기아, 대우라고 하면 떠오르는 그 무엇을 하루빨리 구축해야 할 것이다.

혼다의 집중력

2001년 3월 20일 일본의 취업 관련 전문업체인 다이아몬드빅은 일본 대학생 3200명의 취업선호회사를 조사한 결과를 발표했다. 이 결과에 따르면 소니(Sony)가 3년 연속 1위를 차지했으며 혼다가 2위를 기록한 것으로 나타났다.

혼다가 토요타, 마쓰시다 등 우수한 회사를 제치고 젊은 대학생들이 더 선호하는 회사가 된 것은 이례적이라고 평가되고 있다. 전문가들은 그 이유로 일본의 장기적인 경기 침체 와중에서도 혼다가 독자적인 경영방식으로 좋은 실적을 내고 있기 때문이라고 했다.

닛산, 미츠비시, 마즈다 등이 1990년대 초반 버블 경기 붕괴 이후 계속된 경기 침체로 하나씩 쓰러졌으나 혼다는 불황을 계기로 더욱 돋보이고 있다는 평가를 받고 있다. 그 결과 닛산, 미츠비시, 마즈다 등 선발 자동차회사를 제치고 후발주자였던 혼다는 일본 자동차업계

제2위의 자리를 굳히고 있다.

이러한 혼다자동차도 1930년대엔 도쿄와 나고야 사이에 있는 하마마츠라는 작은 마을의 조그만 주물공장에 불과했다. 당시 그 주물공장에서는 피스톤링 등 기계에 들어가는 주물 부품을 만들고 있었다. 혼다자동차의 창업주인 혼다 쇼이치로는 가난한 대장장이의 아들로 태어났다. 대장간의 기계 소리를 들으며 성장한 혼다는 16세 되던 해에 자동차 수리공으로 취직하게 된다.

자동차 수리공으로 어느 정도 자리를 잡은 혼다는 자동차 경주에 많은 관심을 가졌다. 하지만 1936년 7월의 전 일본 스피드 경기에서 불의의 사고를 당해 18개월이나 꼼짝 못하는 일을 겪었다.

그 후 자동차 경주에 대한 꿈은 접고 혼다는 자동차 수리공으로 재출발하게 되었다. 자동차 수리 사업이 잘 되어 일부 자금이 모이자, 친척 및 친구들로부터 빌린 돈을 합쳐 조그만 부품 공장인 동해정기공업이라는 회사를 설립했다. 제2차 세계대전 중에도 혼다의 동해정기공업은 번창했다.

하지만 패전으로 일본 전체가 물자 부족과 민주화로 이행하는 과정에서 일어나는 사회적 폭동 등으로 급격한 혼란 속으로 빠져들자 동해정기공업도 문을 닫지 않을 수 없었다. 또한 일본에 승전군으로 진주한 미군은 자동차의 제조를 전면 금지시켜 동해정기공업도 사업을 계속할 수 없었다.

1946년 혼다는 동해정기공업을 토요타자동차에 팔아 넘기고 혼다기술연구소를 설립해 국산 오토바이 개발에 몰두했다. 전후 일본에서는 자동차는 연료가 없어 거의 움직일 수가 없었고, 전차는 정전 때마다 서 버리고, 버스 역시 기름을 구하기가 힘들어 시원스럽게 운행하지 못했다. 이러한 문제점을 해결하기 위해 혼다는 오토바이 개발에 전념하기로 결심했던 것이다.

자전거에다 미군이 쓰다 버린 콤프레셔 엔진을 장착한 오토바이 개발을 계기로 혼다는 국산 최고의 오토바이를 만들기 위해 노력했다. 미군에서 나오는 콤프레셔 엔진에 한계를 느낀 혼다는 여러 번의 시행착오를 겪은 끝에 마침내 50cc 짜리 순수 독자 엔진을 개발하는 데 성공했다.

이러한 노력의 결과 혼다가 개발한 오토바이는 일본 내에서 연이어 히트했다. 계속적인 기술투자와 신모델 출시로 오토바이 업계에 뛰어든 지 불과 10여 년 만에 혼다는 세계적인 리더로 성장하게 되었다. 뿐만 아니라 1966년 유럽에서 개최된 세계 오토바이 경주 경기인 TTL 레이스의 전 종목(50/125/250/350/500cc) 석권을 계기로 오토바이 분야에서 세계적인 명성을 얻기 시작했다.

한 회사가 모든 종목에서 승리한 것은 혼다가 처음이었다. 첫 오토바이 개발을 시작한 지 20년만의 일이었다.

오토바이 시장을 석권한 혼다는 1960년 초에 자동차산업에 참여하기로 결정했다. 당시에는 일본 자동차 메이커의 두 강자인 토요타와 닛산이 자동차 시장을 분할하고 있었다. 불리한 후발주자로서의 약점을 극복하기 위해서 토요타, 닛산과 경쟁하지 않는 경차시장에 N360이라는 모델로 뛰어들었다. 초기 여러 모델의 실패 이후 1967년에 발매된 N360은 경자동차 붐을 일으키면서 3개월만에 판매 선두를 차지할 정도로 인기를 얻었다. 이러한 성과는 승용차 시장에서도 성공할 수 있다는 확신을 혼다에게 심어주었다.

신차 개발과 동시에 자동차 경주인 포뮬러원(F-1) 레이스에도 자

혼다의 기술력을 입증하며 미국 시장에서 크게 성공을 거둔 '시빅'.

체 개발한 엔진으로 도전했으나 초기에는 서독, 이탈리아, 미국 그랑 프리에서 연이어 실패했다. 끈질긴 집념으로 1965년 멕시코 그랑프리에서 1위를 차지하면서 혼다는 자동차 레이스에서도 두각을 나타내기 시작했다. F-1 그랑프리에서의 이러한 성공은 혼다 엔진의 우수성을 전 세계에 과시하는 계기가 되었다.

1970년대 일본에서는 토요타와 닛산의 시장 경쟁이 엄청나게 치열했다. 이러한 치열한 경쟁 속에서의 성장은 한계가 있다고 인식한 혼다는 세계적인 자동차 메이커가 되기 위해서는 일본 밖으로 눈을 돌려야 한다고 판단했다.

그래서 이 무렵부터 세계에서 가장 큰 시장인 미국으로 수출을 개시하면서 시장의 다변화를 추구하기 시작했다. 수출을 막 시작한 1971년경 미국에서는 배기가스를 규제하는 'Clean Air Act'가 제정되어 각 메이커에서는 이에 대응하기 위해 여념이 없었다. 이 때 혼다는 자체 개발한 복합와류연소식 CCVC 엔진을 개발하여 미국의 배기가스 규제를 충족하는 소형차 시빅(Civic)을 출시하게 되었다.

다른 메이커들이 대응책에 찾기 위해 부심하는 가운데 개발된

혼다는 '시빅' 사용자들의 라이프사이클을 고려한 타깃 마케팅을 전개하여 중형차 '어코드'를 베스트셀러카로 만들었다.

CCVC 엔진은 혼다의 기술력을 다시 한번 입증하는 계기가 되었다. 또한 일본과 미국의 소비자들에게 기술 혼다의 이미지를 확실하게 심어줄 수 있었다. 미국에 진출한 시빅은 대성공을 거두어 승용차 메이커로서의 확고한 위치를 다질 수 있도록 도와주었다.

소형차 시빅으로 미국시장에서 성공한 혼다는 시빅 사용자들의 라이프사이클을 고려한 타겟 마케팅을 전개하기 시작했다. 말하자면 시빅 사용자들이 나이가 들고 소득이 늘더라도 확실한 혼다 고객으로 잡아두기 위한 전략이었다.

1982년부터 일본 업체로서는 최초로 미국 현지에서 중형차 어코드를 생산하기 시작했으며 시빅 고객이 어코드를 구입하도록 전략적으로 대응했다. 그 결과 어코드는 1987년부터 10년 동안 베스트셀러카 목록에 빠지지 않고 올랐다.

그 이후 고급차 아큐라를 투입하는 등 계속해서 라인업을 확장하며 미국시장에서 대성공을 거두고 있다.

1980년대 후반부터 일본 국내에서 미니밴을 중심으로 RV 열풍이 불기 시작했다. 이러한 RV 바람의 선두주자는 미츠비시였다. RV시장에서도 뒤늦게 출발한 혼다는 전사적으로 RV 집중 전략을 추진했다. 그 결과 1996년 가을부터 2개월 단위로 오딧세이, 스텝왜건, CR-V 등 3차종을 연속 출시해 그동안 RV 시장을 석권해 온 미츠비시를 공략하기 시작했다.

그리하여 1997년 미츠비시를 제치고 일본 3위 메이커로 도약했고 1998년 말부터는 토요타에 이어 일본 제2위 메이커로서의 자리를 지키고 있다. RV 시장의 분위기를 혼다 주도로 만들어버린 일본 시장에서의 성공을 바탕으로, 혼다는 미국 미니밴 시장에서도 미국인 체형에 맞게 개량한 오딧세이로 도전하여 큰 성과를 거두고 있다.

혼다는 세계 자동차업계에 인수합병(M&A)과 전략적 제휴 바람이 거센 가운데에서도 '나 홀로 노선'을 고집하고 있다. 연간 230만 대의 자동차를 생산하는 세계 9위의 혼다가 인수합병에 휩쓸리지 않고 독자 생존을 할 수 있는 이유는 무엇일까?

자동차 전문가들은 경쟁업체보다 품질이 좋은 차를 보다 저렴한 가격으로 시장에 내놓기 때문이라고 지적한다. 혼다의 판매대수는 세계 최대 메이커인 GM의 4분의 1, 토요타의 2분의 1에 불과하지만 순이익은 두 회사에 거의 버금가고 있다는 점도 무시할 수 없을 것이다. 세계 자동차산업계가 인수합병에 의한 규모의 경제를 주장하는 논리로 팽배해 있지만, 혼다는 "규모가 모든 것을 가져다 주지 않는다"고 주장한다. 말하자면 대규모가 반드시 경쟁 우위를 의미하는 것은 아니며, 빠르게 변화하고 있는 자동차 시장에서 민첩하게 대응하는 것이 경쟁력의 핵심 요소라는 주장이다.

GM, 포드, 다임러크라이슬러, 르노 등 대규모 몸집을 자랑하는 메이커와 달리 인수합병에 따른 조직 혼란 없이 독자 노선을 고집하는 혼다는 스스로 자신의 주장을 증명하고 있는 것이다.

일본의 닛케이 비즈니스 최근호는 혼다를 이끌어 가는 저력에 관하여 집중 분석한 글을 게재하고, 집중력과 현장력을 오늘의 혼다를 이끌어 가는 강점으로 지적하고 있다.

집중력은 회사가 지향할 바를 선택하여 모든 경영 자원을 거기에 투입하여 실천해 나가는 시스템이다. 초기에는 오토바이에 집중하여 회사의 기반을 확립하고, 승용차 사업에 참여한 뒤에는 소형차에 집중하여 시빅을 탄생시켰으며, 1980년대에는 중형차 어코드, 1990년대에는 오딧세이 등 RV 차종에 초점을 맞추어 히트시킨 것이 대표적인 사례로 지적되고 있다.

위대한 협력의 산물, 모순과 배반의 덩어리

　　　　　자동차 메이커에는 당연한 일인지도 모르지만 차를 좋아하는 사람이 많다. 특히 상품기획이나 마케팅 부문에 그런 사람들이 많다. 이들은 단순히 차를 좋아하는 정도를 넘어선, 이른바 마니아들이다. 자동차 개발 업무는 업무시간뿐만 아니라 늘 자동차에 대해서 생각하고 이야기할 수 있는 특징이 있다. 말하자면 좋아하는 것과 일의 구분이 거의 없는 전형적인 업무다. 왜냐하면 냉장고가 좋아서, 텔레비전이 마음에 들어서 전자제품 제조업체에 들어갔다고 하는 이야기는 들어 보지 못했기 때문이다.
　마니아 중에도 여러 종류가 있다. 소형차를 좋아하는 부류, 티뷰론과 같은 스포츠카를 좋아하는 스포츠카파, Off Road 즉 SUV 차량을 좋아하는 4WD파 등 여러 가지로 나눌 수 있다. 하지만 꼭 실제의 일과 직결된다고 할 수는 없고, 그저 차가 좋아서 자동차 메이커에서

일하는 사람이 절대다수라고 해야 할 것이다.

자동차 마니아가 반드시 좋은 자동차를 만들어내는 것일까? 지식, 정열, 경험의 삼박자를 모아서 열심히 일한다는 측면에서는 긍정적이라고 할 수 있다. 그러나 마니아로서 자신만의 독선적인 생각에 집착하거나 편향된 시각을 가지는 경우도 있을 것이다.

예를 들어 새로 개발할 신차에 대해서 주행 성능이 우선이라는 생각으로 엔진과 서스펜션에 많은 돈을 들여 개선하는 것까지는 좋으나 실내 거주성과 인테리어 품질이 낮아져 상품으로서의 종합적인 역할을 해치는 경우도 발생할 수 있다.

마니아는 아니지만 논리적, 객관적으로 유능하게 일하는 사람도 많다. 이런 부류의 상품개발자는 마니아가 아니기 때문에 객관적인 시장 데이터에 근거하여 업무를 추진한다. 그러므로 모든 분야에 배려를 하여 어느 곳도 결점이 없는 차, 균형이 잘 갖추어진 작품을 만들어낼 수 있다. 이것은 평균적으로 무난하고 잘 만들어진 상품이 되어, 경쟁차가 없는 경우 또는 있더라도 시장 자체가 충분히 큰 경우에는 문제가 없을 것이다. 그러나 개성과 뛰어난 특성을 가지고 경쟁해야 하는, 오늘날과 같이 변화가 큰 자동차 시장 환경에서는 그다지 각광받지 못할 수도 있다.

이상적인 경우라면 마니아가 객관성을 가지고 자동차를 개발하는 것과 비(非) 마니아가 마니아적 발상의 필요성을 이해하고 받아들이면서 자동차를 기획하는 것이라고 할 수 있다.

통상 자동차 메이커의 내부 조직은 복잡다기(複雜多岐)한 구조로 되어 있고 여러 팀이 서로 연결된 업무를 추진하게 된다. 그리고 같은 팀 내에서도 개성과 배경이 다른 여러 팀원이 모여 업무를 추진하기 때문에 마니아적인 발상과 비(非) 마니아적인 합리성이 서로 융화를 이루게 되어 있다.

뛰어난 자동차는 바로 이러한 상호 융화를 바탕으로 소비자의 기본적인 욕구를 중시하면서 마니아적인 발상으로 소비자들의 선호를 바람직한 방향으로 유도하는 것이라고 하겠다.

말하자면 자동차는 '위대한 협력의 산물', 또는 '모순과 배반의 덩어리'라고 하겠다.

마니아와 비(非) 마니아의 협력에 의해서 자동차가 만들어진다는 측면에서는 위대한 협력의 산물이라고 할 수 있다.

자동차의 크기와 가격으로 분류되는 등급내의 정해진 크기와 원가 속에서 어떻게 디자인을 새롭게 하고, 기능을 갖추고, 동력이나 주행성능을 높이고, 중량을 최소한으로 낮추고, 품질은 최대한으로 높이고, 국내뿐만 아니라 세계 각국의 법규에 적합하도록 하여 생산성을 높일 것인가?

바로 이런 점들이 자동차 개발의 승부 요인이다. 따라서 자동차의 기획, 개발에 있어서는 그 상품에 요구되는 모든 요소를 고려하여 중요성의 순위를 정하고 각 요소의 균형을 맞추어 기술적, 경제적인 배경 위에서 정교하게 만들어 가는 것이 가장 중요하다고 하겠다.

모순과 배반이라는 측면에서 바라볼 때, 가장 개발하기 어려운 자동차는 경차나 소형차라고 할 수 있다. 중대형차 이상의 경우 성능이나 품위, 스타일링이 주요한 변수로 부각되고 있으며 가격 부분에서도 어느 정도의 여유가 있다. 그러나 경차나 소형차의 경우 가격, 크기, 스타일, 법규, 고객 층, 연비, 주행성능, 배기량, 세금 등 여러 가지 제약 조건이 버티고 있고 이러한 제약 조건 내에서 개발하는 것이 쉽지 않기 때문이다.

여성운전자의 절대 다수는 예쁘고 깜찍한 스타일을 중시하지만, 이들의 욕구를 충실히 반영할 경우 소형차 시장에서 무시할 수 없는 40대 이상의 남성 수요층을 놓칠 수밖에 없다.

소형차 고객들은 경차와 확실히 구분되는 품위 있는 차량을 원하지만 차체가 커지면 아반떼 급의 중소형차들과 시장 간섭이 일어날 수 있고 연비가 나빠질 수도 있다.

20~30대 젊은 남성 운전자는 뛰어난 주행성능을 추구하지만, 1500cc가 넘어서면 특소세나 자동차세 등이 높아져서 가격, 유지비 측면에서 제약 조건이 버티고 있기 때문에 이런 요구에도 부응하기가 어려운 것이 현실이다.

자동차는 마니아와 비(非)마니아의 위대한 협력의 산물인 동시에 여러 가지 제약 조건 내에서 다양한 모순과 배반의 조건을 극복하고 탄생한 것이다.

이렇게 탄생한 자동차 가운데 시장에서 소비자들로부터 인기를 얻어 베스트셀러로 등극하는 자동차는 "위대한 협력, 그리고 모순과 배반"이 서로 균형을 갖추고 융화를 이룬 소산이라고 할 수 있다. 베스트셀러로 등극한 자동차를 개발하는 데 참여한 모든 상품기획, 마케팅 담당자에게 경의를 보낸다.

에쿠스 같은 베르나는 불가능하다

　　　　　토요타를 비롯한 일본 자동차 메이커들이 미국 시장에서 성공을 거둔 배경은 제1차 오일 쇼크였다. 석유 파동으로 유지비가 대폭 증가하게 되자, 대형차를 타고 다니던 미국인들이 일본산 소형 승용차로 눈길을 돌렸기 때문이다. 작고 단단한 차체와 연비 효율이 좋은 일본차는 주머니 사정이 어려워진 미국인들에게 큰 인기를 얻은 것은 주지의 사실이다.

　그때까지만 해도 GM, 포드 등 미국 자동차 메이커들은 소형차 시장에는 관심을 갖지 않았다. 중대형급 승용차에 비해 시장 규모도 작았으며 대당 수익성이 크지 않았기 때문이다.

　어떤 사람은 미국 자동차 메이커에 근무하는 노동자들의 체구와 손이 너무 커서 소형차를 조립하고 생산하기에는 부적합했기 때문이라는 우스개 소리로 미국인들의 대형차에 대한 지나친 선호를 비웃기도 했다. 미국에 진출한 토요타가 GM과 합작한 NUMMI공장에서 근무할 현지 노동자를 선발하는 신체검사에서 가장 중시한 부분이 손의 크기였다는 사실이 이것이 단순한 조크만은 아니었다는 것을 증명하고 있다.

미국의 자동차 메이커들이 소형차를 소홀히 한 가장 큰 이유는 수익성이라고 할 수 있다. 대형차인 에쿠스나 소형차인 베르나에는 엔진을 비롯하여 약 2만여 개의 부품이 똑같이 들어간다. 차가 작다고 해서 타이어 개수가 줄어드는 것도 아니고 브레이크가 없는 것도 아니다. 크거나 작거나 있어야 할 부품이나 장비는 똑같이 들어가고 크기만 다를 뿐이다. 그렇지만 차량 가격은 최소 5배 이상 차이가 난다. 자동차 회사 입장에서는 당연히 수익성이 좋은 중대형차를 많이 판매하는 것이 유리하다.

그러나 메이커들이 수익성만을 쫓아 소형차 시장을 무시할 수 없는 까닭은 첫차(엔트리) 시장이기 때문이다. 특정 메이커의 소형차를 처음 구입한 고객이 소득 수준이 높아지면서 다시 그 메이커의 중형차, 대형차로 교체할 가능성이 높다. 또한 수출 전략형 차종으로서 가장 많이 수출되고 있는 점도 무시할 수 없을 것이다.

사실 소형차를 제대로 만드는 것은 쉽지 않다. 제약 조건이 너무나 많기 때문이다. 자동차회사에 입사하기 전에는 "소형차도 대형 승용차처럼 고급스럽게 만들어준다면 판매대수가 크게 늘어날 텐데 소형차를 좀더 고급스럽게 만들 수 없을까?" 하는 의문을 가지기도 했다. 그런데 자동차회사에 입사해서 상품 기획 및 개발업무를 하면서 소형차 개발이 가장 어렵다는 점을 새삼 느끼게 되었다.

소형차 고객들은 20대 초반에서 60대까지 아주 넓고 다양한 직업

소형차인 베르나에는 대형차인 에쿠스와 마찬가지로 2만여 개의 부품이 들어가지만 차량 가격은 많은 차이가 난다.

과 특성을 가진 계층이라고 할 수 있다. 이렇게 포괄적인 타깃 층을 충족시키는 제품을 여러 가지 한계 조건 내에서 개발하기는 쉽지 않다. "신세대 신감각"을 지향하여 출시된 엑센트는 30대 후반 이상의 고객 층에게 크게 어필하지 못했다.

"나와 내 가족의 첫차"라는 브랜드 슬로건으로 패밀리카(family car)를 지향한 베르나는 20대 젊은 고객 층의 튀는 욕구를 만족시키기에 한계가 있어 보이는 것도 이런 이유 때문이다.

그렇지만 출시 시점의 시장 환경과 주류 고객 층의 선호를 고려한 불가피한 선택의 결과다. 대학생과 할아버지 운전자를 동시에 만족시키기는 어렵고 결국 메이커에서 선택할 수밖에 없는 것이다.

스포티 스타일의 3도어, 정통 세단 계열의 4도어, 유럽형의 해치백 스타일인 5도어를 동시에 출시하여 타깃 고객 층을 넓히는 전략을 펼치는 것도 이러한 선택에 대한 보완 개념이라고 할 수 있다.

소형차를 개발하는 데 있어서 가장 큰 제약 조건은 가격이다. 소형차 고객들은 차량 가격에 가장 민감하다. 아반떼XD를 원하지만 가격이 비싸기 때문에 베르나를 구입하는 것이다. 누비라2를 구입하고 싶지만 연료비 등 유지비 차이가 적지 않기 때문에 라노스를 선택하는 것이다. 자동차세 등 세금에도 아주 민감한 계층이 소형차 고객들이다.

그러면서도 넓고 안락한 실내공간과 많은 짐을 실을 수 있는 트렁크, 언덕길을 거침없이 치고 올라갈 수 있는 파워 넘치는 엔진과 뛰어난 승차감을 요구한다. 또한 경차에 비해서 차체가 크고 품위 있어 보이는 외관 스타일을 대체로 선호한다.

이렇게 상반되는 욕구들을 적절히 조정하는 일이 소형차 개발담당자들의 과제라고 할 수 있다.

예를 들어 넓은 실내공간과 합리적인 가격을 위해서는 구조가 간단하고 단순한 맥퍼슨타입 전륜 서스펜션을 사용할 수밖에 없다. EF 쏘나타에 장착되는 더블위시본 타입은 가격도 비싸고 공간을 많이 차지하지만 승차감이 우수한 특징이 있다. 그렇지만 소형차에 더블위시본 타입을 사용하면 실내공간 및 차량 가격과 충돌하게 된다. 상품개발 담당자들은 저렴한 가격과 조금이라도 넓은 실내공간을 위해서 승차감이라는 요구를 차선으로 둘 수밖에 없는 것이다.

승차감을 위해서는 앞에서 지적한 서스펜션과 타이어, 시트 등이 중요한 역할을 한다. 이 역시 소형차 고객들이 가장 중시하는 합리적인 가격과 저렴한 유지비 부문과 상충되는 요소가 된다. 고객은 또한 경차와 차별화 되는 외관과 큰 차체를 원하면서도 주정차시 편리한 기동성을 요구한다.

결국 소형차는 가격과 실내공간, 기본적인 편의사양, 유지비, 기동성 부분을 선택하고 이 부문을 집중해서 부각시키는 제품을 만들 수밖에 없는 것이다. 구입할 때는 가격 저항감을 줄여주고 운행할 때는 유지비를 최소화해주는 것이 소형차 전략이 핵심이라고 할 수 있다. 소형차는 소형차답게 타깃 고객 층이 중요시하는 1차 욕구를 중심으로 개발하는 전략이 필요한 것이다. 말하자면 대형차를 참고하되 모방하지 않는 전략이다.

국내 자동차 시장 규모가 계속 성장하고 있지만, 소형차 시장은 정체되고 있다. 1995년도에 전체 승용차 시장 규모는 64만 대였으며, 이 중에서 엑셀 등 소형차가 약 45만 대로 72퍼센트를 점유했다. 하지만 2000년에는 RV차량을 포함해 약 106만 대 규모의 국내 승용차 시장에서 고작 9만 7000대가 판매되어 9.2퍼센트의 점유율을 기록했다. 경차에 밀리고 아반떼XD 등 중소형차와 카렌스 등의 소형 미니밴에 영향을 받았기 때문이다.

소형차 시장이 이처럼 위축되고 있음에도 불구하고 무시할 수 없는 것은 앞서 지적한 대로 첫차 시장(진입시장, 엔트리카)이기 때문이다. 소형차는 자동차 메이커의 기본이며 바탕이다. 소형차를 제대로 만들지 못하면서 좋은 중대형차를 만드는 것은 어렵다. 어려운 소형차 시장에서 경험을 쌓아 중대형차로 발전하는 것이다.

현대자동차는 지난해 다임러크라이슬러와 전략적 제휴를 맺었다. 상호 교류를 통해 시너지 효과를 극대화하기 위한 목적으로 제휴를 했다. 다임러크라이슬러는 현대의 소형차 개발 기술을 가장 중요하게 생각했다고 한다.

현대자동차는 세계 최고 수준의 가격 경쟁력과 제품 경쟁력을 갖춘 소형차 개발 메이커로 평가되고 있다. 좋은 소형차를 개발하기 위한 전략은 선택과 집중이다. 모든 것을 만족하는 에쿠스 같은 베르나를 개발하는 것은 불가능하다.

5

멀어질 수 없는 시장

왜, 경차를 사세요?

디마케팅(De-Marketing)은 20세기 후반기에 등장한 신개념의 적극적인 마케팅이다. 수요를 억제함으로써 역으로 소비자 만족을 높이려는 마케팅을 '디마케팅'이라 부르고 있다.

마케팅도 다양하게 발전해 개성적인 마케팅이 출현하고 있지만 그 중에서도 가장 개성적인 것이 디마케팅이다. 디(de-)란 '무엇이 아니다'라는 부정적인 의미를 지니고 있기 때문에 "마케팅이 아닌 마케팅"이라는 뜻이 된다.

정확한 의미는 담배 갑에 폐암 경고문을 써놓거나, 술병에 과음의 폐해를 경고하는 주의문구를 기록해 놓는 경우와 같이 비록 판매를 제한하더라도 소비자들의 진정한 만족을 추구하겠다는 것이다. 말하자면 기업에 불이익이 되더라도 소비자가 알아야 한다면 제품의 부작용 등을 미리 알려주어 신뢰를 얻겠다는 전략이다.

산토리가 이러한 디마케팅을 잘 활용하여 성공한 회사로 알려지고 있다. 산토리는 일본 위스키 시장의 60퍼센트를 차지하고 있는 주류회사다. 술 판매에 열을 올려야 할 산토리가 금주운동을 주도하여 화제를 모았다.

산토리는 1984년부터 "술을 적게 마시자"라는 절제 캠페인을 시작했다. 그 결과 위스키를 물에 타 마시는 '미즈와리'라는 일본식 음주문화를 창출하며 일본 최고의 주류 제조회사로 자리잡았다.

산토리는 '일본을 세계적인 술 소비국으로 만들고 알코올 중독과 음주 사고를 증가시킨 주역'으로 지목 받으면서 시민단체들로부터 집중 비난을 받게 되었다. 이에 대한 대책으로 절주(節酒) 캠페인을 시작했다. 1989년까지는 직장인들을 대상으로 "술, 천천히 즐겨요"란 메시지로 과음 주의, 공복과 음주, 간이 쉬는 날 등 절제에 초점을 맞췄다. 1991년에는 사내에 술과 관련된 사회적 문제를 처리하는 전담부서를 만들었다. 캠페인 대상을 임산부, 청소년 등 술을 마시면 안 되는 사람들로 확대했다. 최근에는 스포츠와 음주, 임산부와 음주, 강압적인 음주문화, 음주 후의 목욕 등을 소재로 캠페인을 지속하고 있다. 이러한 노력 덕분에 산토리는 소비자의 건강까지 생각하는 기업으로 자리잡아 오히려 기업 이미지가 높아지고 있다고 한다.

현대가 국내에 판매하고 있는 모델 중에서 동급 시장에서 1위를 하지 못하는 모델이 2가지 있다. 대우가 선두를 유지하고 있는 대형 버스와 마티즈가 독주하고 있는 경승용차다.

1987년 6월 정부는 소득계층간의 위화감을 해소하고 중산층의 저변 확대 및 분배정의실현이라는 정치적 목적에 의해 국민차 계획을 수립했다. 이러한 계획에 따라 대우에서는 경승용차 티코와 경상용차 라보 및 다마스를, 아시아에서는 타우너를 시판했다.

현대도 이때부터 경승용차에 대해서 진지하게 고민하기 시작했다. 일본 모델을 도입한 대우, 아시아와 달리 독자 모델의 개발을 검토했다. 경승용차 1종과 경상용차 1종을 동시에 개발하여 판매한다는 전략을 세웠다. 이러한 경영층의 결정에 따라 10여 차례에 걸쳐서 후보 모델 및 수익성 분석도 했다.

그러나 수 차례에 걸친 분석과 보완에도 불구하고 경차는 남는 장사가 아니라는 결론이었다. 경차나 에쿠스 같은 대형차나 소요되는 2만여 가지의 부품은 동일하고 동일한 공정을 거쳐 조립되지만 경차의 가격은 대형차의 10분의 1에 불과했다. 경차 사업은 수익성이 보장되지 않는다고 할 수 있었다.

아무리 그렇더라도 처음 차량을 구입하는 사람들을 자사 차량으로 유도하지 못하면 향후에도 자사 차량을 구입하지 않을 가능성이 높기 때문에 결코 무시할 수 없는 시장이었다.

그러던 중 1990년대 초반 일본에서 전고가 높고 박스형으로 생겨 실내공간 측면에서 유리한 톨보이(tallboy) 스타일의 차량이 유행하기 시작했다. 이러한 스타일의 선두주자는 스즈키의 왜곤R이라는 모델이었다. 왜곤R은 지붕이 높아 2열 시트 뒤쪽에 화물도 충분히 적재할 수 있도록 설계돼 경상용자 역힐을 수행하기에도 충분했다. 현대는 왜곤R을 벤치마킹 하여 경승용차와 경상용차의 역할을 동시에 할 수 있는 모델을 개발하기로 방향을 설정했다.

때마침 정부에서도 특소세 면제, 취득세와 등록세 인하 등 경차 구입자들에게 다양한 혜택을 부여하는 정책을 1996년부터 실시하게 되었다. 이러한 정책과 함께 경차의 엔진 배기량에 대해서 많은 논란

이 벌어졌다. 티코를 생산하고 있던 대우에서는 800cc 이하로 경차 배기량의 규제를 원했다. 현대와 기아에서는 경차의 주력 시장인 유럽에 수출하기 위해서는 이들 시장에서 주력 엔진으로 판매되는 1000cc 정도가 적당하다고 주장했다.

현대와 대우의 다툼에 대해 정부는 대우의 손을 들어주었다. 이웃 일본도 우리보다 선진국이지만 경차의 배기량을 1990년부터 660cc로 하고 있다는 것이 주된 이유였다. 하지만 경차의 선발주자인 티코가 800cc였던 만큼 이를 지원해야 한다는 대우의 강력한 로비가 작용했음은 말할 나위도 없다.

1995년경 티코는 경차 시장에서 연간 5만 대가 판매되며 독점하고 있었다. 경차에 대한 혜택이 본격적으로 실시된 1996년도에 티코는 10만 4000대가 판매되었다. 티코는 많은 판매에도 불구하고 안전성 및 차량 품질에 대한 고객들의 불만이 컸다.

이러한 점을 고려하여 현대는 차체 사이즈가 증대된 톨보이 스타일의 아토스를 1997년 9월 출시했다. 티코의 약점이 상당 부분 해소된 아토스는 출시 후 선풍적인 인기를 얻었다. 출시 첫해에 2만 7867대나 팔리며 선전했으나 1998년 4월 출시된 마티즈의 영향으로 아토스의 인기는 얼마 가지 못했다. 마티즈의 위세에 눌려 경차 시장에서 힘을 못쓰게 된 현대는 인도 현지공장에서 생산 예정이던 상트로 모델의 일부 사양을 공용화한 파생 차종을 개발하여 기아에서 비스토란 차명으로 판매했다.

IMF 경제 위기의 여파로 값싸고 연료 효율이 높은 경차 판매가 크게 증가했지만, 현대의 아토스와 기아의 비스토는 두 모델 합쳐 점유율이 30퍼센트에도 미치지 못하고 있다.

국내 시판 모델 중 현대가 대우에 선두를 내주고 있는 차종은 대형버스와 경차 마티즈 뿐이다.

 마티즈는 깜찍한 외관 스타일과 뛰어난 연비를 바탕으로 여성이나 20~30대 젊은 고객 층의 욕구를 충족시켜주었다. 단명으로 끝난 아토스는 일본 등 서구 시장에 부합하는 스타일이기는 하나 국내 고객들의 욕구에는 맞지 않았다. 또한 큰 차체를 유지하기에는 800cc라는 엔진 배기량도 모자랐다. 대우와의 배기량 논쟁에서 정부가 대우의 주장을 수용해 800cc로 결정한 결과였다.
 2000년에 대우는 6만 1298대의 경차를 판매했으며, 아토스와 비스토는 합쳐서 3만 31대가 국내에서 판매되었다. 국내시장에서는 마티즈가 압도적인 점유율을 차지하지만 수출에서는 아토스의 판매대수가 마티즈를 능가하고 있어 주목된다. 2000년 한 해 동안 마티즈는 10만 1621대, 현대의 아토스는 11만 914대가 수출되었다. 아토스는 수출 차량에 현대에서 독자 개발한 입실론 1000cc 엔진을 장착하고 있다. 1000cc 정도 되어야 아토스 크기의 차체에 충분한 파워와 연비를 낼 수 있기 때문이다. 배기량을 둘러싼 논쟁에서 정부가 대우의 손을 들어준 것이 새삼 아쉽게 느껴지는 것도 이런 이유 때문이다.

수출에서의 선전과는 달리 국내 경차 시장에서 마티즈의 기세에 눌린 현대에서는 경차 대신 베르나로 마티즈를 공략하고 있다. 베르나 저가 차량과 마티즈가 별로 가격 차이가 나지 않고 사회적 체면을 중시하는 소비자들의 속성을 고려한 전략이다.

그래서 "왜, 경차를 사세요? 그 가격에 조금만 보태면 소형차 베르나를 구입할 수 있습니다"라고 디마케팅을 전개하고 있는 것이다.

아토스의 짧은 성공과 긴 실패에 대해 일부에서는 현대의 자만심에 대한 경고의 메시지라고 해석하기도 한다.

이를테면 현대에서 만들어내는 모든 자동차가 성공하는 것은 아니라는 사실을 보여준 사례라는 것이다. 하여튼 아토스를 통해 현대는 많은 것을 배우게 되었다. 정확한 소비자 특성을 반영한 정확한 포지셔닝의 중요성을 새삼 느끼게 된 셈이다.

마티즈의 역사성

1980년대 초반까지 국내 자동차시장에서는 현대, 기아, 아세아, 대우(새한), 쌍용(동아), 신진 등 6개 업체가 경쟁하고 있었다. 이들 6개 업체의 치열한 경쟁 속에 자동차산업은 본격적으로 성장하기 시작했다.

그러나 1979년 후반부터 밀어닥친 제2차 석유 파동으로 국내외 경제는 크게 위축되었다. 석유 파동으로 인한 1980년의 불황으로 자동차 업계는 극심한 수요 침체와 가동률 저하로 재무구조 및 수익성 악화라는 위기를 맞게 되었다.

이에 정부는 자동차산업 등 중화학공업의 중복과잉투자를 해소하고 생산 효율성을 기하기 위해 1981년 2월에 자동차산업합리화조치를 취했다. 이 조치는 승용차는 현대와 새한에서만 생산하고, 1~5톤까지의 트럭 및 소형버스는 기아에서 독점 생산하며, 그 이외의 차종은 자유 경쟁에 맡긴다는 내용이었다.

자동차산업합리화조치에 따라 기아는 대부분의 상용차를 독점 생산할 수 있게 되었다. 이에 따라 1981년 합작선인 일본의 마즈다에서 봉고 모델을 도입하여 생산했다. 현대가 이전에 HD 1000이란 모델로 소형트럭 및 버스 시장을 독점하고 있었으나 봉고의 출시와 함께 기아의 독무대로 바뀌었다.

잘 알려진 대로 봉고는 도산 위기에 빠진 기아를 구한 효자 모델이 되었다. 봉고는 디젤을 연료로 하는 저렴한 유지비를 무기로 당시 중소규모 자영업자들에게 큰 인기를 끌었다. 기아에서 독점하고 있었기 때문에 봉고 트럭과 봉고 버스를 인도 받기 위해서는 몇 개월씩 기다려야만 했다. 자동차산업합리화조치로 인해 현대와 대우에서는 봉고의 폭발적인 판매를 지켜보는 수밖에 없었다.

그러다가 현대와 대우에서 기아의 독주를 저지하기 위해 새로운 제품을 출시했다. 포니의 뒷부분을 적재함으로 만든 포니픽업과 대우의 맥스픽업이었다. 그러나 봉고 트럭과 버스가 탄탄한 제품력으로 시장에서 자리를 굳혀가고 있었기 때문에 포니 픽업과 맥스 픽업은 크게 성공하지 못했다. 1984년에 포니픽업은 7189대, 맥스픽업은 2843대로 두 모델을 합쳐서 만 대를 넘지 못했다. 반면에 같은 해 봉고는 1톤 트럭과 미니버스를 합쳐 5만 1978대가 판매되었다. 판매 부진과 자동차산업합리화조치의 해제에 따라 포니픽업과 맥스픽업은 단종이 되어 비운의 길을 마감했다.

서울올림픽을 앞두고 경제가 회복되면서 1987년 1월 자동차산업합리화조치는 해제되었다. 이에 따라 기아에서는 현대와 대우에서 독점하고 있던 승용차 시장에 프라이드로 도전장을 내밀었다. 반면

정부의 국민차 계획에 따라 국내 최초로 시판되기 시작한 경차 티코.

에 현대는 봉고가 독점하고 있던 1톤 트럭과 미니버스 시장에 포터와 그레이스로 응전했다. 대우는 닛산과 기술 제휴로 도입한 바넷트란 1톤 트럭과 미니버스를 도입해 시판했다. 현대는 HD 1000 모델 개발 및 판매 경험을 바탕으로 봉고 시장을 공략했다.

 봉고 트럭과 미니버스 시장에 새로 진출한 대우는 품질 문제 및 마케팅 능력 부족으로 판매가 극히 부진했다. 이러한 판매 부진으로 대우는 치열한 3파전에서 탈락할 수밖에 없었다. 대우는 과거 삼륜차에서부터 경험을 쌓은 기아와 HD 1000을 판매한 경험이 있는 현대를 상대로 경쟁하기에는 역부족이었다. 대우는 그 시장에 대한 경험과 이해가 부족했던 것이다.

 시장 규모가 30만 대 이상으로 크게 성장하고 있는 1톤 트럭과 미니버스 시장에서 퇴출당한 대우는 1991년 5월 경승용차 티코, 11월 경상용차 다마스와 라보를 출시했다. 출시 초기 이들 차량은 특소세 면제 등 경차 우대 방안을 배경으로 연 10만 대를 상회하는 판매실적을 올려 더 이상 봉고가 차지하고 있던 시장에 미련을 두지 않아도 될 만큼 대우자동차에 큰 수익을 가져다주었다.

그런데 문제는 티코였다. 티코는 노후한 일본 스타일에다 안전성 등에 많은 문제점을 안고 있었다. 이러한 문제점을 해결한 현대 아토스의 출현으로 티코의 판매대수는 크게 줄어들 수밖에 없었다. 아토스는 출고 첫날 폭발적인 계약과 함께 시장의 판도를 바꿔놓았다.

대우에서는 티코의 판매 부진을 만회하기 위해 전사적인 노력으로 마티즈 개발에 매달렸다. 독점하고 있던 티코 시장을 아토스에 빼앗겨 자존심이 상했던 것이다. 1998년 4월에 출시된 마티즈는 세련된 스타일링과 시선을 사로잡는 바디 칼라를 적용하였다. 이러한 마티즈의 특성은 20~30대 여성이 주류인 경차 고객들에게 정확하게 들어맞았다. 그리고 때마침 터진 IMF 외환 위기를 배경으로 판매가 크게 늘어났다. 현대에서는 마티즈에 대응하기 위해 비스토를 출시하였지만 마티즈의 인기를 잠재우기에는 역부족이었다.

마티즈의 이러한 성공은 티코 판매에서 얻은 학습과 경험의 소산으로 해석되고 있다. 물론 아토스가 경차 고객들의 욕구를 제대로 반영하지 못한 점도 있지만 경차 시장에서 오랫동안 축적된 노하우가 마티즈를 탄생시킨 배경이라는 것이다. 학습과 경험을 통해 축적된 노하우는 성공의 바탕이 된다. 자신 있는 분야에 대한 '선택과 집중'이 성공의 열쇠라는 것을 마티즈의 사례에서도 새삼 느끼게 된다.

마케터와 현장

　　어떤 제품에 대한 소비자들의 반응을 알아보는 방법에는 여러 가지가 있다. 구조화된 우편 설문조사, 전화조사, 방문조사, 그룹인터뷰 등 다양한 방법으로 소비자들의 의견을 수집할 수 있다. 그런데 이러한 조사는 객관성을 유지하기 위해 외부의 조사기관이나 조직 내 별도의 부서에서 담당하는 경우가 많다.

　의사 결정을 하는 집행부서에서 직접 조사를 담당하면 조사 과정에 주관적인 의견이 개입되어 조사 결과의 객관성이 떨어지기 때문이다. 일반적으로 별도의 조사회사 등에서 객관적으로 실시한 조사 데이터를 마케팅 담당 부서에서 이용하는 것이다.

　이러한 조사 결과는 전체적인 의견을 취합한 것으로 굉장히 유용하다고 할 수 있지만, 조사 결과의 데이터는 살아있는 것이 아니라 죽어 있는 것이다. 그야말로 데이터에 불과하다. 따라서 데이터에 생명력을 불어넣는 것은 그 자료를 활용하는 마케터라고 할 수 있다.

신입사원 시절에는 회사 건물을 떠나 외부에서 근무하는 것을 좋아한다. 위로 쳐다보면 모두 상관들 뿐이요, 아래로는 본인밖에 없으니까 스트레스가 많은 회사 내부보다는 외근하는 것이 차라리 해방감을 느낄 수 있기 때문이다.

하지만 이것도 잠시뿐이다. 몇 년 근무하다 보면 요령도 생기고 업무에도 익숙해지기 때문에 외부에 나가서 힘들게 뛰어다니는 것을 싫어하는 경향이 강하다. 소비자들을 만나서 대화하고 직접 가서 확인해야 할 사항도 전화 한 통화로 대신하게 되고 전화로 대화하면서 확인해야 할 사항도 주변에 아는 사람을 통해서 대충 조사해서 보고하는 경우를 종종 목격하게 된다.

그렇게 작성된 조사보고서가 현장의 의견을 제대로 반영했을 수도 있지만, 일부 부정확한 내용을 담고 있을 수도 있다.

물론 소비자들이 존재하는 시장에서 직접 얼굴을 맞대고 조사하는 것이 타당하지만 시간, 공간, 비용상의 제약으로 인해서 어려운 것이 사실이다. 그래서 어쩔 수 없이 구조화된 설문조사를 통해서 조사된 결과보고서를 받아 들고 고민하는 수밖에 없다.

하지만 보다 정확한 의사 결정과 현장에 토대를 둔 상품 개발을 위해서는 현장 조사가 반드시 필요하다고 하겠다.

유능한 마케터는 소비자들이 있는 현장에서 만들어진다고 한다. 죽어 있는 데이터를 가지고 책상머리에서 고민하는 것도 중요하지만, 소비자들과 직접 얼굴을 맞대고 불만을 확인하는 과정이 유능한 마케터를 만든다는 것이다.

마케팅 부서에서는 연구소, 생산 부문과 특정 안건에 대해서 논쟁을 하는 경우가 많다. 이러한 논쟁에서도 현장에서 조사된 소비자들의 구조화되지 않은 생생한 목소리가 조직화된 데이터보다 설득력이 있다는 사실을 종종 느낄 수 있다. 현장 소비자들의 목소리가 항상 정확한 것은 아니지만 마케터가 지향해야 할 방향을 설정해주는 것은 분명하다고 하겠다.

이전에 근무하던 부서에서 입사한 지 얼마 되지 않은 신입사원을 현장 조사에 투입한 적이 있었다. 현장 조사는 차를 운행하는 소비자를 직접 만나서 불만사항을 수집하고 여러 가지 의사 결정에 필요한 사항에 대해 질문하는 방식으로 진행되었다. 추운 겨울철이었는데 약 1주일 동안 현장 조사를 다녀온 후에 소비자와 시장을 분석하는 시각이 상당히 발전해 있다는 것을 느낄 수 있었다.

운전면허증은 취득했지만 '장롱면허'로 만족하던 동료 직원이 승용차를 구입했다. 자동차 상품기획 업무를 담당하면서 직접 운전을 해보지 않아서 현장 감각이 많이 떨어진다고 생각했는데, 직접 운행을 해보면서 상품기획 업무에 대한 태도가 본인도 모르게 달라져 있다는 것을 느꼈다고 한다.

오너 드라이버가 되기 전에는 편의장치나 실내 사양에 대해서 크게 중요성을 깨닫지 못하다가 직접 차를 운전하면서 소비자의 입장에서 차량을 평가하고 분석하게 되니까 현상감이 살아 있고 상품 기획 업무가 훨씬 원활해졌다는 것이다.

시오노 나나미의 역작인 《로마인 이야기》에도 현장 조사와 직접적인 경험의 중요성을 일깨워주는 구절이 있어 흥미롭다.

로마군은 정확한 전시 상황 판단을 위해서 포로가 말단의 일개 척후병이라도 사령관이 직접 심문하는 것이 관례였다. 정보 수집은 객관적 사실(데이터)을 모으는 일일 뿐만 아니라 객관적 사실들 사이에 숨어 있는 무언가를 찾아내는 작업이기도 하기 때문에 남에게 맡길 수 없는 중요한 일로 여겼다는 것이다. 그래서 로마군에서는 아무리 하찮은 포로라도 사령관이 몸소 심문하는 것이 전통으로 자리잡고 있었다고 한다.

2륜구동과 4륜구동

우리 손으로 만든 첫 국산자동차는 '시발'이다. 6·25 전쟁 이후 국내에 자동차는 거의 없었다. 전쟁이 끝나자 유엔군들이 전장에서 사용하던 군용 폐차들이 쏟아져 나왔다. 이때 나온 폐차들을 개조해서 만든 버스나 트럭들이 당시 열악한 국내 교통 상황을 개선하는 데 크게 도움을 주었다. 자가용 역시 드물었고 미군 폐차를 재생한 것이 전부였다. 이러한 자가용도 갑부들이나 고관대작들의 전유물이었다.

그러던 중 1955년 서울에서 자동차 정비업을 하던 최무성 씨가 미군 폐차 지프의 엔진과 변속기, 차축 등 뼈대만 이용하고 드럼통을 펴서 차체를 만든 지프형의 첫 국산자동차 시발을 내놓았다.

국산 1호차 시발은 1957년 서울 창경원에서 열렸던 광복 12주년 기념 산업박람회에 출품되어 큰 인기를 얻었다. 그리고 뜻하지 않게 최우수 상품으로 선정되어 대통령상을 받아 신문에 크게 보도되었다. 대통령상을 받은 시발은 영업용 택시로 인기가 높았으며 생산능력이 계약을 따라가지 못해 차량에 프리미엄까지 얹어 전매되었다. 얼마 후에는 상류층 부녀자들 사이에서 시발 투기 붐까지 불어서 시발계(契)까지 유행했다고 한다. 지프형인 시발은 1962년 일본 조립차들이 국내에 시판되면서 생산이 중단되었다.

그 후 1969년 신진자동차가 미국 아메리칸모터스사의 JEEP 모델을 조립 판매하면서 국내에 지프형 차량이 다시 등장하게 되었다. 우리가 일반적으로 부르는 JEEP(지프 또는 짚)은 4륜구동 스타일의 차량을 지칭한다. JEEP은 크라이슬러로 인수된 아메리칸모터스사에서 최초로 생산한 4륜구동 차량의 브랜드 명칭이었는데 4륜구동의 대명사가 되었다.

아메리칸모터스사의 4륜구동 JEEP은 2차 대전을 계기로 전 세계에 알려지게 되었으며 국내에도 소개되었다. 국내에서는 갤로퍼 등 4륜구동 차량을 일반적으로 짚차라고 부르고 있으나 이것은 정확한 표현이 아니다. 갤로퍼, 테라칸, 코란도 등의 4륜구동 차량은 SUV(Sports Utility Vehicle)로 부르는 것이 정확하다. 말하자면 험로(險路)를 달리기에 적합하도록 설계된 차량이라는 것이다.

시발과 신진 JEEP에 이어 1983년에는 거화에서 코란도 브랜드의 SUV를 출시했다. 그 후 1990년대 들어 아시아자동차에서 록스타, 현대에서 갤로퍼가 시판되었다. 1993년에는 스포티지, 무쏘 등이 더해졌으며 지난해에는 퓨전카 싼타페가 등장했다. 2001년 2월에는 기존 SUV보다 한 차원 높은 테라칸이 현대에서 출시되었다.

테라칸은 기존 SUV 차량들의 4륜구동 시스템과는 근본적으로 다

기존 SUV 차량들의 4륜구동 시스템과는 근본적으로 다른 능동형 4륜구동을 장착한 현대 '테라칸'.

른 능동형 4륜구동을 장착하고 있다. 능동형 4륜구동은 네 바퀴와 액셀레이터에 부착된 센서에서 보내진 신호를 컴퓨터에서 자동으로 해석하여 2륜과 4륜을 자동적으로 배분해주는 것이다. 즉 도로 상황을 컴퓨터가 해석하여 미끄럽거나 험로에서는 4륜구동이 작동하고 그렇지 않은 평지에서는 2륜만 구동되도록 한다. 이는 운전자가 2륜, 4륜 구동을 조작하던 것에 비해 한 단계 진보한 것이라고 할 수 있다.

SUV 차량의 진보와 함께 국내에서도 수요가 크게 늘어나 지난해에는 약 13만 4000대가 판매되었다. 갤로퍼, 무쏘, 코란도, 싼타페 등 SUV 고객들은 경제성, 안전성, 험로 주행, 외관 스타일 등의 이유로 이들 차량을 주로 구매하는 것으로 조사되고 있다. 그런데 SUV 차량의 핵심은 평소에는 앞 또는 뒷바퀴에만 동력을 전달하고 눈길이나 빗길, 험로 등에서는 앞뒤 네 바퀴에 동력을 모두 전달하는 시스템이다. 이 시스템은 차량에 따라 차이가 나지만 상당한 고가(高價)다.

마이크로소프트사의 자동차 전문 사이트인 카포인트에서 미국의 SUV 보유자 1000명을 대상으로 SUV의 사용 실태를 조사해 발표한 적이 있었다. 이 조사에 따르면 SUV 보유자들의 약 90퍼센트가 4륜구동 시스템을 1년에 한 번도 사용하지 않는 것으로 나타났다. 그럼에도 불구하고 소비자들이 SUV 차량을 사는 것은 안전성이 가장 큰 이유라고 한다.

국내에서도 갤로퍼 등 SUV 보유자들은 경제적인 디젤 엔진과 웅장한 차체에서 풍겨지는 안전성과 외관 스타일을 중시해 이들 차량을 구입하는 것으로 조사되고 있다. 더러는 군대 시절 연대장이나 사단장이 타고 다니던 군용 지프에 대한 향수 때문에 구입하기도 한다.

4륜구동 시스템을 핵심으로 하는 SUV 차량을 구입한 고객들이 4륜구동 시스템을 거의 사용하지 않는다는 것은 그야말로 아이러니라고 할 수 있을 것이다.

이러한 사실을 간파한 현대자동차에서는 1996년 4륜구동 시스템을 빼고 2륜으로만 주행하는 차량을 개발해 시판했다. 판매가격도 4륜구동에 비해 약 80만 원 이상 저가로 포지션했다. 그러나 2륜구동 갤로퍼는 시장에서 별다른 인기를 끌지 못하고 단종이 되었다.

SUV 모델들은 4륜구동 시스템이 부가되기 때문에 2륜구동 차량에 비해 가격이 비싸다. 무쏘나 갤로퍼, 테라칸 모델들의 가격은 대형 승용차인 그랜저XG와 비슷하다. 갤로퍼에서 가격을 내린 2륜구동 SUV를 출시했지만 인기가 없었다.

그런데 IMF 이후 경제 상황이 나빠지면서 최근 쌍용에서 코란도와 무쏘에 2륜구동만을 적용한 '시티' 모델을 출시하자 큰 인기를 모으고 있다. 동일한 시장 기회를 포착하고 시장에 진입했지만 갤로퍼는 별로 인기를 얻지 못했고 코란도와 무쏘는 성공한 것이다. 제품의 특성 및 가격 탄력성과 함께 소비자들의 구매력과 사회 환경이 결정적인 영향을 미쳤기 때문이라고 할 수 있겠다.

근래 판매가 크게 늘어나고 있는 구강청정제도 이와 유사한 사례라고 할 수 있다. 모(某) 업체에서 1980년대 후반에 구강청정제를 시판했으나 전혀 주목을 받지 못했다. 10여 년이 지난 후 1990년대 후반에 출시된 동일한 제품은 크게 히트를 쳤다. 고객들이 전혀 받아들일 준비가 되지 않았던 1980년대 후반과 1990년대는 사정이 달랐던 것이다. 제품은 동일하더라도 고객들이 그러한 제품을 기꺼이 받아들일 소득 수준과 자세가 되었기 때문이다.

고객들의 욕구에 맞는 좋은 제품과 함께 사회경제적인 여건도 히트상품 탄생에 큰 기여를 하게 된다는 사실을 새삼 확인할 수 있다.

누가 사서, 누가 탈 것인가?

아토스에서 에쿠스까지, 포터에서 25톤 대형 덤프까지, 그레이스에서 45인승 대형버스까지 현대는 거의 대부분의 자동차를 생산한다. 하나의 업체에서 소형 승용차에서 대형 트럭 및 버스에 이르기까지 모든 모델을 개발, 생산하는 것을 두고 "풀라인업(Full line-Up)을 갖췄다"고 이야기한다.

풀라인업을 구비했다는 것은 시장에서 경쟁력이 있다는 이야기이며 역으로 경쟁자들을 물리칠 수 있는 경쟁력을 구비했다고도 볼 수 있다. 풀라인업은 야구로 치자면 각 포지션별로 적정한 선수가 뛰고 있는 완전한 형태의 팀이 되었다는 것을 의미한다.

그러나 우수한 선수들만으로 구성된 프로야구에서도 팀의 모든 선수들이 좋은 성적을 내는 것은 아니다. 타율 1위를 하는 선수가 있는가 하면 평균에도 미치지 못하는 선수가 있게 마련이다. 풀라인업

아토스는 현대에서 동급 차종 중 대우에 선두를 내주고 있는 두 가지 모델 중 하나다.

을 구축하고 부동의 국내 1위를 유지하고 있는 현대에서도 평균 이하의 타율을 기록하고 있는 프로야구 선수와 같은 차종이 있다. 아토스와 대형버스가 동급 경쟁시장에서 1위를 대우에게 내주고 있다.

아토스는 마티즈에 밀려 시장 1위를 빼앗긴 지 오래다. 아토스의 외관을 일부 변경해 기아에서 판매하고 있는 비스토를 합치더라도 점유율은 30퍼센트 수준에 머물고 있다. 기본적인 엔진 성능이나 연비 등 차량의 제품력이 중요하지만 최근 들어 더욱 중요해지고 있는 것은 차량의 외관, 즉 스타일링이다.

스타일링에 대한 집착은 여성이 더욱 심하다. 경차는 다른 차종에 비해 여성 운전자의 비율이 훨씬 높다. 거기에 더해서 마티즈의 경우는 특히 여성 운전자의 비율이 높은 것으로 조사되고 있다. 그렇다 보니 기능적인 스타일의 아토스보다 미려한 외관의 마티즈를 더욱 선호하게 되는 셈이다.

승용차를 구입할 때 가장 중요한 고려 사항으로 미려한 외관이 더욱 부각되는 것은 통계에서도 나타나고 있다. 최근 발표된 조사에 따르면 승용차를 구입할 때 자신 이외에는 배우자가 영향력이 가장 크다고 답한 사람이 43.8퍼센트로 나타났다. 교통체증으로 주중 대부분의 시간에는 부인이 차량을 사용하고 주말에만 잠시 남편이 사용하는 것이 오늘날 대도시의 일반적인 승용차 이용 실태다.

이에 따라 각 메이커에서는 여성의 구매 결정자로서의 중요성을 고려하여 각종 마케팅 전략이나 광고 전략을 마련한다. 탤런트 채림이 대학생으로 등장하는 마티즈 광고나 김희선이 주인공으로 등장하는 베르나 광고는 대표적이라고 할 수 있다.

현대에서 아토스와 함께 시장 1위를 대우에게 넘겨주고 있는 차종은 대형버스 부문이다. 대형버스는 시내 외 버스 및 고속버스, 관광버스 등이 주종을 이루고 있다. 이러한 대형버스 판매에 있어서 가장 중요한 경쟁력은 유지비다. 수익을 중요시하는 운수업체가 주요 고객이기 때문이다. 이들은 잔 고장이 없고 수명이 길어 오래 운행할 수 있으며 연료비가 적게 들어가는 차량을 특히 선호한다.

대형버스 구매 의사 결정에 많은 영향을 미치는 사람은 다름 아닌 정비사들이다. 매일매일 정비를 담당하는 정비기사들이 잔 고장이나 내구성, 유지비 등에 대한 정확한 정보를 가지고 있기 때문이다. 그리고 이들은 정비가 수월한 차량을 선호하게 마련이다. 그래서 부품 조달이 쉽고 손에 익은 것을 찾기 때문에 계속해서 사용하던 차량을 선호한다. 이러한 점을 고려해 대형버스 시장을 공략하려는 업체에서는 정비기사들을 초청해 세미나를 열어주거나 회사 견학 등의 다양한 프로그램을 실시한다. 자기회사 버스를 계속 구매하게 만들기 위해서 또는 새로운 버스를 구매하도록 만들기 위해서다.

현대가 대형버스 시장에서 1위를 탈환하지 못하는 이유는 우리 나라에서 가장 큰 버스 업체인 경기대원여객에서 대우차만을 구매하기 때문이다. 이 업체는 약 2000여 대의 버스를 보유하고 있으며 매년 400~500대의 버스를 새로 구입하지만 현대 버스는 1대도 구매하지 않고 있다. 경기대원여객에서 구입하는 500대는 연간 전체 버스 판매대수의 10퍼센트에 육박하는 것으로 1~2퍼센트 차이로 선두를 결정짓는 현실에서 대단히 큰 물량이다.

현대에서는 이 업체를 공략하기 위해 갖은 방안을 사용해보지만 아직까지 별로 효과를 거두지 못하고 있다. 과거 이 업체에서도 현대 버스를 어느 정도 구매했다. 그런데 그 버스들이 고장을 일으키며 말썽을 부렸던 것이다. 그 이후 경기대원여객에서는 전혀 현대 버스를 구매하지 않고 있다.

이러한 대형버스와 유사한 시장 구조를 보이는 것이 택시 시장이다. 택시의 경우에도 유지비가 가장 중요한 구매 요인이다. 영업용 택시 회사 사장들은 잔 고장이 없고 유지비가 적게 드는 차량을 가장 선호한다. 택시 시장은 아토스, 대형 버스와 달리 현대가 압도하고 있다. 전국에는 약 22만 대의 택시들이 운행되고 있으며 이중 약 65퍼센트가 현대의 차량이다. 1980년대의 스텔라부터 시장을 장악해 온 현대에서는 쏘나타 시리즈로 계속해서 시상을 석권하고 있다.

택시도 정비기사들의 입김이 강하다고 한다. 쏘나타가 택시 시장에서 우위를 차지하고 있는 이유는 엔진 등 차량 구조가 정비하기에 쉽기 때문이다. 적기에 정비만 제대로 해주면 통상 4~5년 동안 약 60만~80만 킬로미터를 주행할 수 있는 쏘나타의 내구성도 주요한 포인트라고 한다. 또한 엔진 등 차량의 부품을 정비할 때 손이 쉽게 드

나들 수 있도록 공간이 많으며 과거부터 사용하던 부품을 계속 개량해서 장착하고 있어 이전 부품을 쉽게 호환해서 사용할 수 있는 점도 무시할 수 없다고 한다.

삼성에서는 택시 시장에서 현대의 독점적인 지위를 무너뜨리기 위해 개인택시 운행자들을 공략하고 있다. 개인택시 보유자들은 유지비보다는 가격이 높더라도 편의성이 높은 차량을 원한다는 것을 간파했기 때문이다.

대형버스와 일반 영업용 택시는 구매자와 사용자가 다르기 때문에 유지비를 중시한다. 그러나 개인택시는 구매자와 사용자가 동일하기 때문에 가격이 조금 비싸더라도 안락하고 편안한 차량을 원한다는 점에서 차이가 있다. 그래서 삼성에서는 쏘나타보다 200만 원가량 비싼 SM5 시리즈로 개인택시 기사들을 공략 하게 된 것이다. 이에 대응하여 현대에서는 쏘나타보다 고급의 뉴EF쏘나타로 삼성 SM5와 경쟁하고 있다.

운전 교습용 차량도 구매자와 사용자가 다른 대표적 시장이다. 운전 교습생은 차량의 상태에는 관심이 없고 면허증을 빨리 받는 것에만 관심이 있다. 학원 원장은 교습생의 편의성에는 관심이 없고 유지비가 적은 차량을 선호한다. 그리고 오랫동안 굳어져 온 운전교습체계가 있기 때문에 교습 차량이 갑자기 바뀌는 것을 원하지 않는다.

1종 보통 운전교습용 차량 시장에서는 기아 봉고 프런티어가 70퍼센트의 시장 점유율을 차지하고 있다. 운전면허시험장에서 과거의 기아 타이탄으로 출발하여 계속 기아차를 사용해오고 있기 때문이다. 학원 경영자나 강사들도 교습체계가 흔들리는 것을 싫어하기 때문에 기아차를 계속 재구입하고 있다. 그래서 현대에서 1종 보통 시장을 공략하고자 해도 쉽게 열리지 않고 있다.

의사 결정의 가장 중요한 고려사항은 무엇이며 의사 결정자는 누구인가?

의사 결정에 가장 중요한 영향을 미치는 실력 행사자는 누구인가?

이런 점을 제대로 이해하는 것은 시장을 분석하는 첫 단계다. 구매자와 사용자가 동일한가, 아니면 다른가라는 점은 시장 경쟁에서 매우 중요하다. 이러한 측면에서 버스, 택시, 운전 교습용 차량 시장은 마케팅 측면에서 많은 시사점을 던져주고 있다. 또 이러한 점을 이해하고 시장을 들여다보면 더욱 재미있는 점을 발견할 수 있다.

정확한 현실 인식과 수요 예측

2001년 4월부터 안전벨트 착용에 대한 규정이 강화되었다. 안전벨트를 착용하지 않을 경우 3만 원의 범칙금을 부과하고 있다. 시내 주행 때는 앞좌석에 앉은 사람이, 고속도로에서는 모든 사람이 안전벨트를 매야 한다.

특히 6세 미만의 어린이들은 별도의 유아용 보호 시트에 앉혀야만 고속도로를 주행할 수 있는 것으로 변경되었다. 유아용 시트는 키가 작은 어린이들을 보호할 수 있도록 특수하게 제작된 것이다. 이러한 유아용 시트는 20만 원 내외의 비용으로 용품점에서 구입하여 장착할 수 있다. 그런데 유아용 시트의 가격이 높고 이것을 사용하지 않을 경우 실내 공간을 차지하는 불편이 있어 구입하는 사람은 많지 않다.

미국이나 유럽의 경우 유아용 시트를 장착하는 비율이 국내보다는 높다고 한다. 어린이 등 약자의 보호 필요성에 대한 인식이 높고

고속도로 주행에 필수적인 유아용 보호 시트. 현대는 EF쏘나타의 뒷좌석에 유아용 시트 기능이 내장된 ICS를 처음 적용했으나 수요 예측으로 어려움을 겪었다.

단속이 엄격할 뿐만 아니라 생활화되어 있기 때문이다.

이 점을 고려해 1990년대 후반부터 토요타, 혼다 등의 메이커들은 뒷좌석에 유아용 시트 기능이 내장된 제품(ICS : Integrated Child Seat)을 판매하고 있었다. 그러니까 평소에는 성인이 앉을 수 있고 유아가 탑승할 경우 시트 등받이에 내장된 간이 시트를 꺼내어 유아를 앉힐 수 있도록 만들어진 것이다. 이것은 별도의 유아용 시트를 구입하여 장착하는 수고나, 사용하지 않을 때 보관하는 번거로움을 해결해주기 때문에 선호되었다.

현대에서는 이와 같은 선진국의 추세를 고려해 1998년 3월에 출시 예정이던 EF쏘나타에 ICS를 적용하기로 결정했다. ICS는 국내 최초로 EF에 적용되는 것으로 안전에 대한 인식을 높여주는 계기가 될 것으로 기대되었다. 한편으로 유아용 시트 사용에 대한 소비자들의 인식이 낮아 판매대수가 많지 않을 것이라는 우려도 제기되었다.

EF쏘나타에 옵션으로 적용될 ICS의 가격은 시중에서 판매중인 유아용 시트의 가격과 원가 등을 고려해 15만 원으로 책정되었다. 당시 국내에서 ICS를 설계하고 개발하는 업체가 없어서 부품은 독일계 업체에서 수입하기로 했다.

이러한 ICS의 적용과 관련하여 판매 수량 예측이 문제점으로 제기되었다. 쏘나타는 월 평균 1만 대, 연간 12만 대의 수요가 예상되고 있었는데 이 중에서 ICS를 장착할 수요를 산출해야만 했다. 마케팅부에서는 ICS에 대한 국내의 낮은 인식을 고려해 최소 물량을 제시했다. 독일에서 1회 수입 가능한 최소 물량으로 2500대를 산출했다.

2500대는 전체 EF쏘나타의 2퍼센트, 월 평균 200대 판매에 해당하는 것으로 크게 부담이 되지 않았다. 정확한 수요 예측을 위해서는 사전 소비자 조사가 필수적이었지만 이러한 개별 옵션까지 조사한다는 것은 한계가 있었고 업무 부담도 많았다. 결국 2500개의 ICS를 수입하기로 결정했다.

1998년 3월 EF쏘나타는 예정대로 선보였다. IMF로 초기 판매가 부진했으나 EF쏘나타는 세련된 디자인과 대한민국 대표 브랜드라는 인지도를 바탕으로 판매가 크게 늘어났다. 그런데 ICS를 장착한 차의 판매는 극히 부진했다. 월 평균 10대 미만이 출고되어 예상의 20분의 1에 불과했던 것이다.

마케팅부서에서는 ICS의 국내 최초 도입에 따른 상품상의 차별화 요소를 적극 활용하기 위해서 영업 현장에 대한 사전 교육과 홍보를 위해 지속적으로 노력했다. 그 후에도 ICS의 판매 확대를 위해 다양한 방법을 동원했지만 별로 소득이 없었다. ICS 판매는 계속 부진했고 2000여 개에 이르는 재고는 2년이 넘어도 줄어들지 않았다.

이처럼 ICS의 판매가 부진한 이유는 여러 가지로 분석되고 있다.

첫째, 적용 차종 선정에 문제가 있었다. 당시 신제품으로 출시되는 차종이 EF쏘나타밖에 없어서 어쩔 수 없이 EF쏘나타에 국내 최초로 ICS를 장착하기로 했던 것이다. 국내 최초라는 마케팅 전략적인 차원에서 적용된 측면이 강했다. 하지만 EF쏘나타의 주요 수요층은 40대 중반으로 ICS가 필요 없는 연령대였다. 즉 ICS는 6세 미만의 유아기 자녀를 둔, 30대 초반의 수요층이 주로 구입하는 베르나나 아반떼에 적용되는 것이 좋았다.

둘째, ICS가 적용된 뒷좌석 시트의 안락성에 문제가 있었다. ICS를 사용하지 않고 성인이 앉을 경우 ICS가 내장된 시트가 딱딱해서 승차감이 떨어지기 때문에 고객들이 기피했던 것이다. 많은 ICS 재고는 정확한 수요 예측의 어려움과 수요에 영향을 미치는 변수에 대한 치밀한 사전 조사가 필요함을 보여주고 있다.

항공기 추락 사고가 발생하면 생존자를 구조하는 일과 함께 가장 먼저 진행되는 일이 블랙 박스(Black Box)를 회수하는 것이다. 항공기가 추락하기 직전의 상황을 생생하게 담고 있는 블랙 박스 자료를 해독하면 사고의 원인을 밝혀낼 수 있기 때문이다.

자동차에도 타코그라프(Tachograph)라는 이와 유사한 장치가 있다. 운행기록계라고 불리는 타코그라프는 통상 자동차의 계기판이나 오디오 하단 공간에 장착되어 있다. 타코그라프는 항공기의 블랙 박스와 같이 운행 시간 및 주행 거리, 속도 변화 및 최고 속도, 운행 중 휴식 여부 등 자동차의 다양한 운행 정보를 담고 있다.

대형 트럭 운전자들의 난폭 운전과 이로 인한 사고 방지를 위해

1990년대 후반기부터 국내에서도 타코그라프 장착이 의무화되었다. 타코그라프만 확인하면 운전자의 과속, 과로 여부 등 사고의 원인이 되는 근거를 쉽게 찾을 수 있었기 때문이다.

건교부 당국은 타코그라프가 트럭 운전자들의 운전 습관을 부드럽게 바꿔놓을 수 있을 것으로 판단했다. 그래서 1997년 1월부터 적재량 1톤 이상의 모든 영업용 트럭에 타코그라프 장착을 의무화했다.

현대에서 판매하고 있는 1톤 트럭 포터를 출고하여 개인용달이나 택배 등 영업용으로 운행하고자 하는 고객은 타코그라프가 장착된 차량을 구입해야 했던 것이다. 건교부에서는 1997년 1월부터 구청에 새로 등록되는 모든 영업용 차량은 반드시 타코그라프가 부착되어야 한다는 법규를 시행하게 되었다. 그리고 타코그라프 없이 운행되는 차량은 경찰청에서도 단속할 예정이며 자동차 정기검사에서도 장착 여부를 확인할 것이라고 발표했다. 이러한 법규에 따라 현대에서도 독일계 협력업체인 VDO사와 함께 부랴부랴 타코그라프를 개발하여 일정에 맞추어 시판하게 되었다.

1톤 트럭 포터를 담당하고 있는 마케팅 상품팀에서는 타코그라프의 수요를 예측하여 생산 및 개발부서에 통보하게 되었다. 법규화되었기 때문에 포터를 출고하여 영업용으로 등록하기를 원하는 고객은 당연히 타코그라프를 부착한 차량을 구입할 것으로 예상했다. 영업용으로 운행하는 고객들을 대상으로 면접 조사를 실시하기도 했다. 그래서 과거 영업용으로 등록된 포터의 대수를 가장 중요한 기준으로 생각하여 연간 2000개 정도의 수요를 예상했다.

그런데 이러한 수요 예측은 완전히 빗나갔다. 법규 발효 후 2년이 지났음에도 불구하고 타코그라프는 400개 정도밖에 부착되지 않았다. 건교부 발표와는 달리 영업용으로 구청에서 등록을 하더라도 구청 직원이 차량을 확인해 타코그라프 장착 여부를 체크할 수 없었다. 경찰에서도 전혀 단속이 없었을 뿐더러 정기검사 때도 타코그라프 미부착으로 인한 불이익은 없었다. 이러한 상황에서 영업용 고객들이 굳이 35만 원의 옵션에 판매되고 있는 타코그라프를 장착할 필요성을 느끼지 못했던 것이다. 또 타코그라프를 장착하더라도 영업용으로 사용하는 고객에게는 전혀 혜택이 돌아가는 것이 없었다. 항공기의 블랙 박스가 사고의 원인을 찾게 해주지만 생명을 돌려놓지는 못하는 것과 마찬가지다.

"법규 따로, 실제 따로"인 한국적 후속 상황 전개를 전혀 예측하지 못한 것이 수요 착오의 첫째 원인이었다. 너무나 많은 변수를 가진 수요를 순진하게 단편적으로 예상했던 것이다.

법규에 맞춰 타코그라프를 개발한 업체에서는 당초 예상과는 달리 수요가 거의 미미한 수준에 머물자, 재고 비용 때문에 경영의 어려움을 받게 되었다. 그래서 급기야 현대자동차에 대책 수립을 요구하게 되었다. 현대의 마케팅 담당 부서에서도 정부에서 명목적인 법규만 발효시켜 놓고 이를 강제할 수 있는 조치는 전혀 취하지 않는 상태에서 어쩔 도리가 없었다. 건교부, 자동차검사소, 경찰청 등에 법규의 실효성을 확보하기 위한 조치의 실행을 요구하는 공문을 보내기도 했으나 대답 없는 메아리였다.

개발업체에서는 장기 재고 누적으로 생산라인 유지가 어렵게 되자 현대에 더더욱 매달리게 되었지만 뾰족한 방법이 없기는 마찬가지였다. 별다른 방법이 없을 경우 부품을 발주한 현대에서 모든 비용을 일시에 지불할 수밖에 없는 상황에 처할 수도 있었다. 하나의 부품이었기 망정이지 그렇지 않았다면 책임 추궁(?)을 당할 수도 있었다. 차량에 장착되는 1개 부품의 수요 예측 잘못으로 부품업체의 경영에 어려움을 초래하게 된 실제 사례의 하나다.

자동차의 수요 예측은 이러한 부품 하나에서부터 완성차에 이르기까지 엄청난 어려움을 안고 있다. 관련된 부품업체, 생산라인, 업체의 직원 등 전후방 연관 효과가 큰 자동차산업의 특성으로 인해 수요 예측의 잘못은 다른 어떤 업종보다는 큰 파장을 불러일으키게 된다. 고가의 내구재라는 자동차가 가진 상품적 특성이 재고의 문제를 더욱 어렵게 만드는 것이다. 그래서 자동차 마케팅부에서는 효과적이고 정확한 수요 예측을 위해 다양한 방법을 사용하고 있지만 여전히 한계를 안고 있다.

사전 시장조사, 예상 고객 초청 면접, 전화조사, 설문조사, 판매원 조사 등 여러 가지 방안을 동원해서 수요를 예측하지만 한계는 피할 수 없다. 이러한 조사와 함께 실무 담당자의 전문적 의견이 또한 중요한 수요 예측의 도구가 되기도 한다.

수요 예측은 인간이 가진 한계 속에서 객관적인 데이터와 현실을 냉정히 고려해 중립적으로 추정하는 것이 가장 현명한 방법이라는 것을 새삼 깨닫게 된다.

6

현장을 읽는 마케팅

영업사원의 영향으로부터 자유로운 싼타페

자동차를 구입하기 전에 사람들은 여러 곳에서 필요한 정보를 얻는다. 먼저 구입한 사람에게 물어보거나 주위 동료들로부터 조언을 듣는다. 자동차회사에 다니는 친구에게 전화를 하기도 한다. 대부분의 사람들은 자동차회사의 본사에 근무하는 친구를 통해 승용차를 구입하면 할인 등의 혜택을 받을 수 있을 것으로 생각한다.

하지만 본사의 친구를 통해 자동차를 구입해도 별다른 혜택이 없어 실망하는 경우를 종종 본다. 자동차 메이커에서 승용차 판매계약서를 작성할 수 있는 직원은 영업사원뿐이다. 자동차회사 직원들도 영업사원을 통해서 계약해야 한다. 전문화와 판매의 혼선을 방지하기 위해서다. 영업사원들이 판매의 전권을 쥐고 있는 셈이다.

소비자들은 자동차를 구입하기 전에 많은 고민을 한다. 고가의 내구재이기 때문에 의사 결정을 하는 데 많은 정보를 필요로 하는 것이다. 대부분의 소비자들은 자신이 구입하고자 하는 승용차에 대해 마음 속으로 결정을 한 다음 영업소를 방문하거나 영업사원에게 전화를 한다. 최근에는 낮 시간에 부인들이 운전하는 경우가 많아지면서 이들이 자동차 구매에 많은 영향을 미치고 있다.

그렇더라도 영업사원들이 구매 의사 결정에 적지 않은 영향을 미친다. 사려는 자동차에 대한 정보를 영업사원들로부터 가장 많이 얻을 수 있기 때문이다.

적색을 구입하려고 마음먹었다가 적색은 중고차를 처리할 때 판매에 어려움을 겪기 때문에 무난한 흰색이나 은색으로 선택하는 것이 좋지 않겠느냐는 영업사원의 권유에 쉽게 동의한다. 베르나를 사려고 했다가 사회적인 위신이나 할부금 차이가 많지 않다는 이야기에 아반떼XD로 차종을 변경하기도 한다. 싼타페를 원하지만 출고까지 시간이 많이 걸리고 동일한 디젤엔진을 사용하기 때문에 트라제로 결정해도 좋을 것 같다는 권유가 통하는 경우도 있다.

판매에 미치는 영업사원의 영향력이 크기 때문에 자동차 메이커에서는 영업사원에 대해서 많은 신경을 쓴다.

우선 신제품이 나오기 전에 영업사원들에게 미리 교육을 실시한다. 판매 확대를 위해서 영업사원에게 많은 인센티브를 제공하기도 한다. 비인기 차종이라도 판매 수당이 높으면 영업사원들이 판매에 적극적이기 때문이다. 누적 판매실적이 좋을 경우 판매장인(匠人), 판매명인(名人) 등의 제도와 푸짐한 포상으로 명예를 높여주기도 한다. 자동차를 판매하는 것은 영업사원이기 때문에 이들을 설득하고 움직이도록 만들기 위한 전략인 것이다.

영업사원들이 자신 있어 하는 제품은 대부분 잘 팔리게 되어 있다.

영업사원들이 의문을 제기하는 제품은 대개 팔리지 않는다. 영업사원들을 설득하지 못하면 소비자들을 납득시키지 못한다.

우리 나라에서 수십 차례에 걸쳐 교육 개혁이 이루어지고 있지만 실패를 하는 것은 교사들을 설득하지 못하기 때문이다. 교육 현장에서 학생들과 직접 접촉하는 교사들을 변화시키지 못하면 교육 정책은 실효성이 떨어지는 것이다. 위에서 아무리 영어로 수업하라고 지시하지만 현장에서는 영어를 사용할 수 있는 선생님이 없어 제대로 진행되지 못한다. 이러한 원리는 영업 현장에도 그대로 적용된다.

1990년대 후반 이후 신형 자동차들이 대거 등장했다. 1990년대 초반에는 엑셀, 엘란트라, 쏘나타, 그랜저, 포터, 그레이스에 불과했던 현대도 아토스, 베르나, 아반떼XD, EF쏘나타, 그랜저XG, 다이너스티, 에쿠스, 라비타, 트라제, 싼타페, 싼타모, 갤로퍼, 테라칸, 포터, 그레이스, 리베로, 스타렉스 등 판매 차종이 크게 증가했다. 향후에도 소비자들의 욕구 다양화에 부응해서 신차종이 지속적으로 출시될 것으로 예상된다. 이러한 신차종의 증가는 판매 집중도를 떨어뜨리고 있다. 6차종을 판매하던 영업사원이 10여종의 자동차를 판매하게 되어 대응능력이 떨어지는 것은 당연하다고 하겠다.

이러한 영업 환경 변화는 영업사원들의 영향력을 더욱 높여주고 있다. 말하자면 영업사원들이 자신감을 가지는 차종은 더욱 잘 팔리게 되고 반대의 모델은 부진하게 되는 것이다. 과거 판매 차종이 적던 시절에는 영업사원들에 대한 푸쉬(PUSH) 전략을 통해서 판매를 확대할 수 있었다. 그러나 판매 차종이 대폭 늘어나면서 특정 차종에 대한 푸쉬가 어려워지고 있는 것이다.

일반적으로 메이커에서는 판매 차종이 늘어나면 '유통 채널 다원

싼타페는 기존 모델과 차별화 되는 근육질의 스타일링과 연료효율이 높고 성능이 좋은 승용형 디젤 엔진 덕분에 소비자들이 스스로 찾는 차종이다.

화 전략'으로 대응한다. 일본 토요타의 경우에도 토요타점, 토요펫트점, 카롤라점, 비스타점, 넷츠점 등 비슷한 차종을 묶어서 판매하도록 판매 채널을 5가지로 분류해 놓고 있다. 토요타는 고급차, 도요펫트는 중대형차, 카롤라는 소형차급, 비스타는 레저용 차량, 넷츠점은 20대 젊은 층을 위한 차량으로 구분해 대응하고 있다.

현대에서는 승용차를 전문적으로 판매하는 승용영업소와 스타렉스, 그레이스, 포터, 리베로 등 소형상용차를 판매하는 트럭영업소로 구분해 대응하고 있다.

근래 들어 급속히 늘어나고 있는 RV 차종을 전문적으로 판매하는 영업소는 아직 없다. 싼타페, 테라칸, 싼타모 등의 RV 차종은 승용 및 트럭영업소에서 동시에 판매하고 있다. 현대 내부에서도 전문 판매 영업소가 없는 RV 차종은 판매 집중력이 떨어지는 것으로 판단하고 있다. 예를 들어 전문영업소가 있는 소형상용차는 제품력 대비 판매가 많은 것으로 분석되지만 영업망의 수적 우위에도 불구하고 상용 대비 SUV 차량의 판매대수는 부진한 편이다.

기아에서는 모든 영업소에서 모든 차를 판매하는 시스템이다. 기아의 경우 판매 차종이 적다는 측면도 있으나 카니발, 카렌스 등의 판매가 다른 차종에 비해서 많다. 뿐만 아니라 카니발, 카렌스는 제품력에 비해서 판매대수가 많다는 평가를 받는다.

반면에 봉고, 프레지오 등의 소형상용차의 판매는 제품력에 비해서 부진하다는 평가를 받고 있다. 카니발이나 카렌스 등에 눌려서 판매 관심도가 떨어진 결과다. 이러한 결과는 단일 판매 채널과 판매가 쉬운 차종에 영업력이 집중되기 때문이라는 해석이다.

차종 증가에 부응한 유통 채널 다양화는 판매 확대를 위해서다. 하지만 보다 근본적인 대응은 소비자들이 찾는 상품을 내놓는 것이다. 영업사원들의 판매 집중력이 떨어지고 팔기 쉬운 자동차만을 팔게 되는 것은 당연하지만 소비자들이 직접 찾을 경우 영업사원도 어쩔 수 없다. 소비자들이 알아서 찾는 상품은 영업사원들의 영향력이 줄어들 수밖에 없는 것이다.

차종의 성격이나 상품의 특성 등이 애매한 자동차보다는 소비자들이 적극적으로 구매하는 세품은 판매가 많게 마련이다.

RV 차종인 현대의 싼타페는 이러한 성격에 가장 부합하는 차종이라는 분석이다. 근육질의 스타일링은 기존 모델과 완전한 차별화가 되며, 연료 효율이 높고 성능이 좋은 승용형 디젤엔진은 소비자들이 스스로 찾게 만들고 있다.

2000년 7월 출시된 싼타페는 현재까지 계약이 폭증하고 있으며 인도 받기 위해서는 3개월을 기다려야 한다. 상품력이 뛰어난 자동차는 판매 채널, 영업사원의 영향력으로부터 자유롭다는 것을 싼타페가 증명하고 있다.

유통 채널과 인터넷 자동차업체

세계 최고의 브랜드 인지도로 인터넷 바람몰이를 하며 한 시대를 풍미할 것으로 예상되던 야후(Yahoo)가 경영 위기를 맞고 있다고 한다. 당초 기대만큼 매출액은 오르지 않고 순이익을 내지 못할 가능성이 높기 때문이다. 2000년 1월 주당 237달러에 이르던 주식 가격은 91퍼센트나 하락하여 20달러에 턱걸이하고 있다. 야후가 이 같은 경영 위기를 겪고 있는 것은 수익의 대부분을 인터넷 광고에 의존한 결과라는 지적을 받고 있다. 또한 미국 경기가 예상보다 빠르게 둔화되기 시작한 것도 실적 악화의 한 원인이라는 평가다.

국내의 e비즈니스 업체들도 경영난으로 사업을 중단하는 사례가 속출하고 있다고 한다. 인터넷에서 자동차를 판매하던 업체들도 줄줄이 문을 닫고 있다. 웹 상에서 차를 판매하던 인터넷 사이트는 한때 50여 개에 이르렀다. 딜웨이, 리베로, 카포인트123, 카포유, 오토

플러스 등이 대표적이다. 이들 업체는 자동차 메이커의 판매 가격보다 할인된 금액으로 차를 구입할 수 있다는 이점을 내세우며 1998년 하반기부터 우후죽순으로 생겨났다.

그러나 인터넷 차(車) 판매업체의 수익 구조가 근본적으로 실현 불가능한 것이기 때문에 한계에 봉착하고 말았다. 야후와 마찬가지로 광고 수입에만 의존해서 사업을 계속 이끌어 나갈 수 없기 때문이라고 하겠다.

인터넷 차(車) 판매업체가 기대한 수익 구조는 다음과 같다.

소비자들은 자동차 메이커가 직접 운영하는 직영영업소나 메이커로부터 허가권을 얻은 판매대리점에서 차량을 구입할 수 있다.

직영영업소는 메이커에 소속된 직원들이 판매를 담당하고 있고 공인된 가격이 있으며 가격 할인이 불가능하다. 영업사원들은 판매대수에 따른 수당과 기본급을 급여로 받는다.

한편 소위 딜러로 불리는 판매대리점은 메이커로부터 차량을 위탁받아 판매하는 것으로 판매 금액의 5~7퍼센트를 수수료로 받는다. 가격이 2000만 원인 그랜저XG를 판매할 경우 약 100만 원 내외의 판매 수수료를 메이커로부터 받는다.

인터넷 차 판매업체들이 노린 것은 판매대리점의 수수료였다. 인터넷 상에서 차량을 구입하려는 소비자들을 판매대리점에 소개하고 판매 수수료를 나누어 갖는 구조를 고려했던 것이다. 예를 들어 100만 원의 수수료를 소비자 할인 40만 원, 판매대리점 30만 원, 인터넷 업체 30만 원으로 분할해서 나누어 갖는 시스템이었다.

소비자는 할인을 받아서 좋고 판매대리점은 추가적인 영업 활동 없이 일부지만 수수료를 받을 수 있기 때문에 WIN-WIN 게임이 가능하다는 계산이었다. 그 과정에서 인터넷업체는 소개료로 일정 금액을 취득한다는 장밋빛 전망이었다. 아울러 자사의 사이트에 등록된 고객 정보를 데이터 베이스화하여 쇼핑몰이나 기타 관련된 사업을 추진할 경우에 이용한다는 전략이었다.

그런데 이러한 기대는 현실적인 유통 채널의 벽에 부딪혔다. 판매대리점으로부터 차량을 공급받지 못했던 것이다. 자동차 메이커에서 차량 공급을 하지 못하도록 했기 때문이다.

인터넷 차 판매가 활성화될 경우 절대다수를 차지하는 기존 직영영업소의 존립 기반이 붕괴될 것이 명약관화했고 가격 체계가 근본적으로 흔들릴 수 있었던 것이다. 인터넷 판매 구조가 정착될 경우 직영영업소는 문을 닫게 되고 직원들은 직장을 잃을 수밖에 없다. 이런 상황에서 인터넷 차 판매를 허용할 메이커가 어디 있겠는가.

판매대리점은 메이커와의 계약을 통해 차량 판매를 위탁받은 것이기 때문에 메이커에서 차량을 공급하지 않아도 큰 문제가 없다. 판매대리점은 메이커의 관할 아래 있는 또 다른 영업소에 불과하기 때문이다. 이는 자동차 대리점이 미국과 근본적으로 다른 체계이기 때문에 가능했다.

미국의 딜러는 메이커로부터 독립된 회사로 메이커에 값을 지불하고 자동차를 공급받는다. 자동차가 딜러로 넘어오는 순간 딜러의 소유물이 되고 그 이후 모든 책임은 딜러가 지는 구조다. 미국의 딜러들은 자신의 책임 아래 차량에 대한 할인 판매 등이 가능하고 인터넷 업체를 통한 간접적인 차량 판매도 얼마든지 가능하다.

국내의 경우 차량 소유권에 전혀 변동이 없고 판매대리점이 위탁 판매하는 형식이라는 점에서 큰 차이가 있다. 말하자면 승용차가 소비자에게 인도되기 전에는 자동차 메이커의 소유이며 재고 및 안전 관리 등 모든 책임을 메이커가 지는 것이다.

일반적으로 미국의 딜러는 메이커와 독립된 회사로서 자동차 인수 순간부터 재고 관리, 판매 관리, 수익 관리 등을 책임진다. 국내의 판매대리점은 완전한 의미의 딜러가 아니고 위탁판매점에 불과하며 미국의 딜러와 같은 책임을 전혀 지지 않는다. 단지 판매 상담, 계약, 출고를 대행해주고 메이커로부터 수수료만을 받는다.

유통 채널의 이러한 차이 때문에 미국의 인터넷 차 판매업체인 오토바이텔, 오토웹, 카포인트 등은 수익을 낼 수 있는 구조로 성장이 가능하다. 판매 수수료를 나눠 가질 수 있기 때문이다. 국내 인터넷 차 판매업체들의 도산은 유통채널상의 근본적인 차이점을 심각하게 고려하지 않고 사업을 시작했기 때문에 출발부터 문제점을 안고 있었던 셈이다.

개인 정보에 대한 보안 문제도 인터넷 차 판매업체가 도산하게 된 하나의 원인이라고 할 수 있다. 자동차는 고가품으로서 구입 과정에 많은 서류가 필요하다. 주민등록등본, 인감증명서, 보증인 관련 서류 등 할부 채권 확보를 위한 증명 서류들이다. 그런데 이러한 서류를 대면 접촉이 없는 인터넷업체에 그대로 넘겨주는 것은 한계가 있다. 인터넷을 통해서 자신의 개인 신상정보가 외부로 유출될 수도 있기 때문이다. 신뢰성과 브랜드 인지도가 높은 자동차 메이커 영업사원과의 대면 접촉을 통한 것이 아니기 때문에 왠지 모르게 의심이 가는 것은 인지상정이라고 할 수 있다.

여론조사에서는 할인율이 높은 인터넷에서 차를 구입하겠노라고 응답했지만 정보만 얻고 실제 구매는 하지 않는다. 웹에서 판매되는 대다수의 상품들이 의류, 도서 등 저가의 정형화된 제품이라는 점은 이를 단적으로 증명하고 있다.

인터넷은 공짜라는 인식이 널리 퍼져 있고 많은 사람들이 인터넷을 통해서 정보만 취득하는 경향이 있다. 자동차를 구입하려는 사람들은 인터넷 상에서 필요한 정보를 얻기만 할 뿐 구매를 실행하기는 꺼리는 것이다. 인터넷 차 판매업체들은 유통 채널의 한계 때문에 도산한다고 할 수 있다. 이는 현존하는 유통 채널을 심각하게 고려하지 않은 결과로 결국 오프라인이 뒷받침되지 않았기 때문이다.

인터넷 차 판매업체의 출현과 도산은 현실을 무시한 마케팅 전략이나 신사업 구상은 어려움에 봉착할 수밖에 없다는 사실을 새삼스럽게 증명하고 있는 셈이다.

진정한 소비자 보호

고객 감동과 관련하여 미국의 존슨 앤 존슨(Johnson & Johnson)이 타이레놀에 대해서 취한 조치는 마케팅 교과서에 단골로 등장하는 메뉴다. 십여 년 전에 미국의 존슨 앤 존슨의 한 자회사가 만드는 타이레놀이라는 통증 치료제에 독극물을 투입한 사건이 벌어졌다. 이 사건에 대해 이 회사가 취한 태도는 소비자들에게 감동과 함께 큰 동정을 불러일으켰다.

어떤 사람이 돈을 타낼 목적으로 독극물을 투입했다는 사실이 나중에 밝혀졌으나 사건 초기에는 어떤 이유로 타이레놀을 사먹은 고객이 사망했는지 알 수 없었다. 이 때 존슨 앤 존슨은 소비자의 사망 원인이 자사 제품과는 관계없다는 것을 알았으나, 더 이상 소비자들을 불안하게 할 수 없다는 생각으로 전국의 모든 약품 진열대에서 타이레놀을 수거했다. 이로 인해 회사 입장에서는 약 1억 달러 정도의 엄청난 손실을 감내해야 했다.

그 후 타이레놀 병의 포장을 독극물 투입이 되지 않도록, 또 누군가가 병을 열었을 경우에는 소비자가 그것을 금세 알 수 있도록 개선하여 제품을 시장에 다시 내놓았다. 이런 조치는 소비자들로 하여금 회사에 대한 신뢰를 향상시켜 매출액이 사건 이전보다 커지고 주가도 상승하는 결과를 가져왔다고 한다.

코니카는 일본에서 처음으로 사진 필름을 개발한 회사로 창업한 이래 꾸준히 1위를 유지했다. 라이벌인 2위 주자는 후지필름이었다. 그러다가 필름 제조 과정에서 발생한 실수로 현상을 하면 필름에 반점이 나타나는 문제가 발생했다. 이것은 필름을 제조할 때 원재료가 나빴기 때문인데 후지필름도 코니카와 마찬가지로 동일한 원자재 메이커에서 자재를 공급받고 있었으므로 똑같은 문제가 발생했다.

이러한 위기에 대응하여 후지필름은 즉각 각 소매점에 영업사원을 보내 정중히 사과하면서 새 필름으로 교환해 주었다. 그런데 일본 제일이라는 오만함 때문에 코니카는 한 발 늦게 회수를 시작했고, 이 문제를 그다지 대수롭지 않게 생각했다. 코니카의 이러한 태도에 대해 필름을 판매하는 소매점에서는 크게 반발했고 이 사건을 계기로 후지와 코니카의 평가는 정반대로 역전되었다.

많은 소매점들이 필름의 공급처를 코니카로부터 후지로 변경해 버렸기 때문에 순식간에 선두가 바뀌었다. 그 후 후지필름과 코니카의 격차는 급속도로 벌어졌고 필름의 품질 차이는 거의 없는데도 코니카는 2류라는 이미지를 소비자들에게 심어주어 오늘에 이르고 있는 것이다. 더구나 후지는 오늘날 세계적인 필름메이커로 성장하여 미국의 코닥과 함께 세계 1위 자리를 놓고 경쟁하는 유명 회사로 성장하게 되었다.

우유, 치즈 같은 유제품을 생산하는 유키지루시유업은 일본인의 식탁에서 가장 사랑 받는 업체였다. 하얀 눈송이 모양의 상표는 청결과 건강을 상징했고 절대적으로 신뢰받는 국민 브랜드로 군림해왔다. 2000년 6월말 이 회사 우유를 먹은 오사카 지역 소비자들이 집단식중독을 일으키면서 사건은 시작되었다.

오사카 보건당국의 검사 결과 오사카 공장의 우유 생산라인이 세균에 감염되어 있다는 사실이 밝혀졌다. 당국은 우유 제품의 회수와 판매 자제를 지시했고, 유키지루시유업은 피해자들에게 적당히 보상해주는 선에서 사건을 덮고 넘어가려 했다.

그러나 식중독 환자는 눈사태처럼 확산돼 갔다. 사흘째가 되자 환자는 2000명을 넘어서는 유례 없는 식중독 사건으로 번졌다. 견디다 못한 회사측은 기자회견을 갖고 저지방우유 제품에 문제가 있음을 공표했다. 회사측이 발표를 미룬 탓에 피해는 이미 걷잡을 수 없이 불어나 있었다. 이때부터 회사측의 거짓말과 발뺌이 시작되었다.

사건 5일째 기자회견 때 경영진은 식중독 원인을 따져 묻는 질문에 "모른다"를 연발했다. 배석했던 공장장이 참다 못했는지 돌연 끼여들며 "가설 밸브 일부에서 동전 만한 황색 포도상구균이 발견됐다"고 폭탄 발언을 하는 바람에 거짓말임이 드러났다. 공장장의 폭로도 완전한 진실은 아니라는 것이 밝혀졌다. 그 이틀 뒤 가설 밸브의 부분 오염이 아니라 전체가 다 오염되었다는 것이 밝혀졌기 때문이다. 나아가 회사측은 당초 오염된 가설 밸브를 월 1~2회 정도밖에 사용하지 않았다고 발표했다가 며칠 뒤 이틀에 한 번 꼴로 썼다고 정정했다. 충격적인 사실이 속속 밝혀졌다. 일주일에 한 번 꼴로 밸브를 분해해 청소하도록 돼 있는 규정을 무시하고 3주일간 한 번도 씻지 않았다는 것이다. 우유 식중독 사건 직전에는 오염된 유산균 음료도 시중에 유통돼 50여 명이 피해를 입은 사건이 있었다는 사실이 또 드러났다. 피해자가 1만 명을 넘어서자 이시카와 사장이 버티지 못해 퇴진했고 회사는 안전검사를 위해 21개 전 공장을 일주일간 폐쇄한다는 유례 없는 비상 대책까지 내놓아야 했다.

유키지루시유업은 일본인의 식생활을 서구화시킨 최대 공로자이기도 했다. 이런 회사가 식중독과 관련하여 거짓말로 급급하다 75년 동안 쌓아올린 명성을 순식간에 무너뜨렸다.

포드는 미국의 대표적 자동차 메이커로 관료적인 GM에 비해 소비자 보호에 앞장서고 사회봉사 활동에도 많은 투자를 아끼지 않는 회사로 알려져 있다. 이러한 포드에서 생산하는 익스플로러는 지난 1990년부터 출시되어 미국 내에 SUV(Sport Utility Vehicle) 붐을 일으킨 대표적인 효자 상품이다.

그런데 몇 년 전부터 익스플로러 차량의 전복 사고가 자주 보고되었다. 타이어의 외부 접지면이 분리되면서 균형을 잃은 차량들이 전복된 것으로 알려지기 시작했다. 전복 사고로 귀중한 생명을 잃은 가족들이 포드사를 상대로 소송을 제기했다. 익스플로러 차량에는 미국 파이어스톤사의 타이어가 장착되어 있었다. 2000년 들어 사우디아라비아, 베네수엘라, 태국 등지에서도 비슷한 사고가 계속 접수돼 46만 대의 익스플로러 차량에 대한 타이어 소환 조치가 이미 내려졌

포드가 650만 개의 타이어에 대한 리콜을 단행할 수밖에 없었던 '익스플로러'.

다. 그런데도 포드사와 파이어스톤 측은 끝내 타이어 제품 자체의 결함을 찾아내지 못했고 2000년 5월초 이를 '에피소드에 불과한 현상'이라고 결론을 내렸다.

두 회사는 7월 미국 고속도로안전국의 조사 발표가 있고서야 과거 파이어스톤 측의 타이어 보증 수리 서비스 내역에 대한 집중적인 분석을 했고, 문제의 불량 타이어가 일리노이주 디케이터시 공장의 1996~99년 생산품 3종에 몰려 있음을 발견했다. 결국 포드사는 익스플로러에 장착된 650만 개의 타이어에 대한 리콜을 단행하게 되었다. 포드가 익스플로러에 장착한 타이어의 결함을 알면서도 숨겨왔다는 의혹이 제기되면서 포드는 주가 급락과 신뢰도 하락으로 1903년 창사 이래로 최대의 위기를 맞고 있다. 타이어 리콜 발표 이후 포드의 주가는 12퍼센트 이상 추락했다. 그리고 이 사건의 여파로 대우자동차 인수를 포기하는 웃지 못할 해프닝도 벌어졌다.

이상과 같은 네 가지 사례는 소비자 보호라는 마케팅 본연의 사명을 어떻게 수행해야 하는가를 대조적으로 보여주고 있다. 존슨 앤 존슨의 사례는 모범적인 경우를, 나머지 세 가지 사례는 문제의 원인을 제 때에 분석하고 대응하지 못해 일어난 결과를 보여주고 있다.

최근 들어 건강이나 생명에 영향을 미치는 제품에 대한 소비자들의 관심이 크게 증대하고 있다. 이에 따라 식품이나 자동차 등 건강이나 생명에 관련된 제품을 생산하는 메이커들의 철저한 관심이 요구된다고 하겠다.

하지만 치열한 경쟁에 따른 압박감, 조직 내부의 관료성과 문책을 두려워하는 책임 회피 경향 등이 복합되어 소비자 보호를 최우선으로 해야 할 메이커들의 판단이 흐려지면서 쉬운 지름길을 택하려는 강력한 유혹에 빠질 수도 있다. 소비자 보호라는 마케팅 본래의 사명에 충실할 때 회사도 보호되고 시장도 보호된다고 하겠다.

숲을 보는 마케팅

2000년 한해 동안 베르나는 국내에서 5만 1532대가 판매되었다. 베르나는 1300cc와 1500cc의 2가지 엔진이 있으며 3도어, 4도어, 5도어 등 3가지 도어 타입이 있다. 엔진과 도어 타입에 따라 분류하면 6가지로 나누어진다. 이처럼 크게 6가지 차종으로 분류되지만 바디 칼라와, 선택 사양에 따라 세부적인 차이가 날 수도 있다. 바디 칼라와 선택 사양이 같다면 동일한 베르나로 인정될 수도 있다.

과연 그럴까? 승용차를 개발·생산하는 과정을 들여다보면 "동일한 것은 하나도 없다"고 할 수 있다. 신형 자동차가 소비자들에게 선보이는 순간부터 자동차는 보이지 않는 곳에서 끊임없이 개선과 변경이 이루어진다. 품질개선, 원가절감, 공정개선, 성능향상, 국산화, 소비자 요구 반영 등을 목적으로 끊임없이 부품이나 사양의 변경이 이루어지는 것이다. 자동차 메이커에서는 이러한 활동을 '사양

사양개선과 품질향상을 위한 사양 변경으로 동일한 베르나라 하더라도 "똑같은 것은 하나도 없다"고 할 수 있다.

변경(Engineering Change)' 또는 '런닝체인지(Running Change)'라고 부른다. 그래서 같은 날 동일한 시간대에 생산된 차량도 사양 변경에 따라 달라진다.

자동차 메이커들의 치열한 경쟁으로 품질 및 가격에는 큰 차이가 없어지고 있다. 수익성 개선을 위한 가격 인상이 쉽지 않기 때문에 원가 절감에 많은 노력을 기울이게 된다. 메이커에서 생산성 증대에 관심을 갖는 것도 이 때문이다. 학습 효과 또는 경험 효과에 의해 노동 숙련도가 높아짐에 따라 노동생산성이 향상되기 때문에 단위당 생산비용이 절감될 수 있다. 신기술 도입과 제조공정의 개선, 생산대수의 증가에 따른 규모의 경제에 의해서도 원가절감이 가능하다. 원가절감 등 코스트 관리에 엄격하기로 소문난 토요타의 경우 앞서 지적한 근거를 토대로 매년 5~10퍼센트의 원가절감 활동을 추진하는 것으로 알려져 있다.

이러한 숙련도 증대 및 규모의 경제에 의한 자연적인 원가절감 활동과 함께 부품 사이즈, 형태, 재질의 변경 등 다양한 원가절감 활동도 펼치게 된다. 물론 이러한 활동은 자동차의 상품성과 품질을 해치지 않는 범위 내에서 추진하도록 요구된다.

자동차의 경우 제조원가에서 재료비가 차지하는 비중이 높기 때문에 원가절감 활동은 여기에 집중되는 경향이 강하다. 제조원가에서 재료비, 즉 부품 및 원 부자재비가 차지하는 비중은 70퍼센트선에 이르고 있으며 나머지 30퍼센트는 감각상각비, 노무비, 경비, 일반관리비 등에 해당된다. 재료비 비중이 높은 원가 구조는 자동차 메이커들로 하여금 재료비를 절감하도록 하는 무언의 압력이 되고 메이커들도 이러한 유혹에 쉽게 빠지게 된다.

예를 들어 개당 100원 하는 부품의 재료비를 90원으로 낮출 경우 단위당 10원이 절감된다. 자동차에는 약 2만 가지의 부품이 장착되고 있다. 2만 개의 부품에서 개당 10원씩의 원가절감을 이루게 되면 자동차 1대당 20만 원의 비용이 절감된다. 그리고 연간 생산대수를 20만 대로 환산하면 200억 원의 원가가 수익으로 전환될 수 있다는 결론에 쉽게 도달할 수 있다.

그래서 미국, 일본의 선진 메이커를 포함하여 모든 자동차 메이커들은 수익성 확보를 위해서 원가절감을 독려한다. 부품업체에 원가절감을 요구하기도 한다. 연구소의 각 설계 파트 및 공장의 부서별로 원가절감 목표를 부여하고 실적을 경쟁적으로 점검하기도 한다.

그러나 지나치게 엄격한 원가절감 활동은 개발 및 생산 부서로 하여금 숲은 보지 못하고 나무만 보게 만들 수도 있다. 자동차의 전체적인 상품성에 대한 고려보다는 자기가 맡은 부분, 부품에서의 원가절감만을 목적으로 활동하게 만들 수 있기 때문이다. 특정 부품의 변경으로 인해서 이와 연관된 다른 부품에 미칠 영향이라든가, 판매 부문에서의 부정적인 반응 등은 중요하게 고려되지 않는 경우도 있다. 이 경우 특정 부분, 부품에서는 원가가 크게 절감되고 실적이 높아지게 되지만 소비자들이 전체적으로 받아들이는 자동차라는 상품성 측면에서는 부정적인 결과를 초래할 수도 있다. 특정 부품 하나가 원인이 되어 큰 품질 문제를 일으켜 대대적인 리콜을 야기할 수도 있다. 품질 문제가 발생한 부품의 원인을 추적해 보면 원가절감을 위해서 사양이 변경되었다는 것을 확인하는 경우가 많다.

다음은 이와 관련된 대표적인 사례다. 경쟁차 대비 낮은 소음이 큰 장점으로 평가되던 차량이 있었다. 그런데 얼마 후 이러한 소음상의 강점이 약화되고 있다는 것이 소비자 조사 과정에서 발견되었다. 소비자들의 불만으로 판매에도 부정적인 영향을 미치고 있었다. 생산 현장에서 원가절감을 위해 소음을 흡수하는 패드(pad)와 엔진소음을 막아주는 커버의 두께를 줄이고 삭제한 결과였다. 이렇듯 원가절감 활동이 품질 문제를 유발하는 부메랑이 되어 돌아오지 않도록 유도해야 한다.

품질 문제 대응 때문에 그 동안의 원가절감 활동이 무용지물이 되기도 한다. 리콜을 유발하는 경우 원가절감 금액을 넘어서는 비용 지출이 발생하게 마련이다. 부랴부랴 원래대로 복구시키는 해프닝이 벌어지기도 한다.

설계 및 개발, 생산 부서에서는 원가절감을 위한 특정 부품의 변경에 대해 가끔 마케팅부서에 의견을 물어오는 경우가 있다. 판매를 책임지고 전체적인 상품성을 고려하는 마케팅부서에서는 이에 대해 반대하는 경우가 많다. 마케팅부서의 반대에 봉착하게 되면 이러한 부품의 변경에 따라 판매에 미치는 부정적인 영향을 계량화해달라는 요구를 한다. 원가절감 금액은 계량화되어 있기 때문에 자신감이 넘쳐 있다. 조그마한 부품 하나 변경이 판매에 무슨 영향을 미치랴 하는 뜻이다. 숲은 보지 못하고 자신 앞에 있는 나무만 보는 사례의 전형이라고 할 수 있다.

어떤 승용차에 고급 오디오가 장착되고 있었는데, 구성 부품의 다수가 해외 부품업체에서 수입되고 있었다. 이렇게 각각 수입된 부품이 오디오 납품업체에서 조립되어 완제품으로 자동차 메이커에 공급되는 시스템이었다. 오디오 업체에서는 주간 단위로 해외에서 부품을 수입해서 완제품 오디오를 만들어 납품했다. 비용을 최소화하기 위해 주간 단위로 재고를 관리하고 있었다. 그런데 자동차 수요가 예고 없이 증가할 경우 오디오 납품량도 연계되어 늘어나야 한다. 오디오 부족으로 자동차 생산이 불가능할 수도 있는 상황에 직면하게 되면 납품업체에서는 부족한 오디오 부품을 DHL이나 페덱스 등의 항공 화물(air freight)로 급히 공급받는 수밖에 없다. 이러한 항공 화물 수송이 몇 번만 반복되면 재고 관리에서 얻어지는 이득보다 많은 금액이 항공화물 비용으로 지출된다. 오히려 고생스럽게 재고 관리를 하지 않고 넉넉한 재고를 운영하는 것이 좋을 수도 있다. 그래서 메이커에서는 항상 만약의 사태에 대비하는 여유 재고를 운영하게 된다.

원가절감의 경우도 이러한 원리가 적용될 수 있을 것이다. 너무 원가절감 자체에 매몰되거나 원가절감 목표액 달성에만 집중하다 보면 상품의 품질을 떨어뜨릴 수 있기 때문이다. 심할 경우 원가절감에 따라 변경된 부품이 리콜을 유발하게 되고 리콜을 통해서 잃게되는 이미지 손상과 추가적인 비용 지출은 원가절감으로 얻어지는 효과보다 클 수도 있다.

원가절감 활동은 품질관리와 병행되어야 한다. 마케팅의 중요한 활동의 하나는 제대로 된 원가절감을 하도록 도와주는 것이다. 마케터에게 제품의 전체적인 상품성을 고려하는 포괄적인 시각이 필요한 것도 이러한 이유 때문이다. 그것은 '소 잃고 외양간 고치는 일'을 반복하지 않기 위해서다.

품질의 다양한 측면

　　　　　자동차를 구입할 때 고객들이 가장 중요시하는 것은 차량의 스타일과 제조사의 브랜드 이미지로 나타나고 있다. 2000년 1월에 출시된 뉴EF쏘나타 구입자를 대상으로 한 구매 이유 조사에 따르면 스타일 29.3퍼센트, 회사 이미지 23.3퍼센트, 새차라서 21.9퍼센트의 순으로 나타나 있다. 제품력 격차가 줄어들고 메이커들의 치열한 경쟁으로 인해 가격대도 비슷해지고 있다. 반면에 다양한 모델의 출시로 선택의 폭은 넓어졌기 때문에 스타일을 중요시하는 경향이 더욱 강해지고 있는 것으로 보인다.
　　기아, 대우의 부도와 삼성의 퇴출 등으로 브랜드 이미지 측면에서 현대자동차가 가장 큰 혜택을 보는 것으로 조사되고 있다. 한국의 대표적인 자동차 메이커 또는 세계적인 메이커로 성장할 가능성이 있는 회사를 선택하라는 질문에 대해 1990년대 후반에는 응답자의 60

퍼센트가 현대자동차를 지목했으나 최근에는 80퍼센트 이상으로 높아졌기 때문이다.

스타일과 브랜드 이미지가 소비자들을 끌어들이는 주요한 요소라면, 잔 고장이나 품질 문제는 선호도를 낮추는 요인이라고 할 수 있다. 만족한 소비자는 평균 3명에게 만족 사항을 전파하고, 불만을 가진 사람은 9명에게 자신의 불쾌한 경험을 전한다고 한다.

자동차를 구입하기 전에는 여러 가지 고민을 하게 된다. 스타일, 브랜드를 중요시하지만 가격도 비교한다. 색상에 대한 고민도 하고 유지비도 심각하게 고려한다. 하지만 운행 중에 가장 중요시하는 것은 잔 고장이나 품질 문제다.

구입한 이후 빈발하는 잔 고장은 소비자들을 짜증나게 한다. 새 차의 변속기에서 턱턱 걸리는 소음이 나고 시트에서 삐걱삐걱 소리가 난다면 신경이 곤두선다. 하지만 이 정도는 다행이다. 만약에 고속도로를 시속 100킬로미터 이상으로 달리고 있는데 갑자기 시동이 꺼져버리는 경험을 하게 되면 문제는 심각해진다.

잔 고장이나 품질 문제가 발생하는 요인은 다양하다. 자동차가 개발되어 최종 판매되는 과정을 중심으로 설계 품질, 부품 품질, 조립 품질, 완성 품질, 내구 품질 등으로 품질 문제를 구분할 수도 있다.

먼저 설계의 품질 문제는 도면 설계 과정의 실수 또는 전문성 부족에 의해 유발되는 것이다. 특정 부품의 길이를 10밀리미터로 해야 하는데 13밀리미터로 늘인 경우가 이런 예에 속한다. 또한 어떤 부품의 두께를 정상보다 얇게 하거나 두껍게 한 경우도 해당된다.

두 번째는 부품의 품질이라고 할 수 있는데 이것은 개발 품질이라고도 한다. 설계 도면에 따라 협력업체에서 부품을 개발하게 되는데,

설계 도면과 미세한 차이가 있을 경우 발생하는 것이다. 자동차는 2만 개가 넘는 부품으로 구성되기 때문에 부품을 제조하는 협력업체의 기술이나 품질관리 수준이 완성차의 품질로 직결된다.

이러한 부품 품질에 의한 문제는 크게 줄어들고 있는 추세다. 협력업체들의 기술이나 품질 수준이 높아지고 있고 메이커의 철저한 검증을 거치기 때문에 대부분 걸러지게 되는 것이다. 이런 것들과 함께 자동차 외판 형상을 찍어내는 금형의 노후화에 의해 발생하는 품질 문제도 있다. 반복 사용으로 인해 금형이 닳게 되면 이것에 의해서 만들어지는 부품도 정확도가 떨어지기 때문이다.

세 번째는 조립 품질 또는 양산 품질로 각각의 부품을 조립하는 과정에서 발생하는 문제다. 볼트나 너트를 조이는 조임량이 적다거나 지나친 경우가 대표적이다.

네 번째는 완성 품질이라고 할 수 있다. 각각의 부품은 정확하게 개발되고 조립되었지만 전체적인 조화와 균형이 이루어지지 않는다면 품질 문제가 된다. 승용차 외관의 판넬과 판넬 사이의 간격이 균일하지 않은 경우는 완성 품질 문제라고 할 수 있다.

다섯 번째는 반복적으로 운행하고 사용하는 가운데 발생하는 것으로 내구 품질이라고 한다. 승용차 도어가 정확하게 설계, 개발, 조립되어 판매되었다고 하더라도 1~2년 운행하다 보면 도어 힌지(Hinge)가 밑으로 쳐져서 제대로 닫히지 않는 경우가 있다. 이와 같은 내구 품질을 충족시키기 위해 자동차 메이커에서는 신차 판매 수년 전부터 반복적인 테스트를 실시한다. 운전석 도어 개폐 내구성 시험을 수만 번에 걸쳐서 하기도 하고 험로, 빗길, 눈길, 사막길 등 주행 조건을 바꿔가면서 수만 킬로미터의 주행 테스트를 거치기도 한다. 가혹한 조건에 따라 수없이 많은 테스트를 거쳐 문제점을 보완한 차량이 출시되지만 워낙 다양한 환경에서 사용되고 지속적으로 움직이면서 운행되는 차량의 특성으로 인해 미처 발견되지 못한 품질 문제가 생기기도 한다.

특히 우리 나라의 경우 35도가 넘는 여름철 더위와 함께 겨울철에는 영하 20도까지 내려가고 습한 기후 때문에 차량 운행 조건이 어느 나라보다 가혹하다고 할 수 있다. 따라서 이러한 환경 변화에 자동차가 적절히 적응하기가 쉽지 않고 그로 인해서 발생하는 잔 고장이나 품질 문제도 적지 않다. 자동차가 품질에 영향을 미치는 위와 같은 다양한 요소와 가혹한 환경에서 반복적으로 움직이면서 사용되는 기계라는 사실은 품질 문제를 이해하는 데 크게 도움이 될 것이다.

품질 문제가 발생하는 원인은 위와 같이 여러 가지 과정으로 분석해볼 수 있다. 그렇지만 품질 문제는 통상 여러 복합적인 요인에 의해 발생한다. 과거에는 설계 및 부품 품질 문제가 많았다.

현대가 독자 모델을 개발하기 이전인 1970년에 포드의 코티나 승용차를 조립 판매한 적이 있었다. 당시 택시기사들이 발전기(제너레이터)에서 계속적으로 문제를 일으킨다면서 제품의 반품을 요청한 적이 있었는데, 미국의 포장된 도로를 기준으로 설계된 코티나를 도로 포장률이 20퍼센트도 안 되는 국내에 판매한 것이 문제였다.

품질 문제를 이야기할 때 빼놓을 수 없는 것은 측정 장비라고 할 수 있다. 개별 부품은 설계도면에 따라 제조했는데도 불구하고 조립 과정에 문제가 발생한 경우가 과거에는 많았다. 정확한 품질을 위해서는 기초 장비라고 할 수 있는 저울, 자 등 계측기나 측정장비가 뒷받침되어야 하는데, 이로 인해서 문제가 발생하는 사례도 많다고 한다.

또 다른 하나는 잘 드러나 보이지 않는 사소한 것이지만 자동차의 성능에 결정적인 영향을 미치는 소모성 부품들의 문제라고 할 수 있다. 에어필터, 오일필터 등은 소모품이지만 엔진의 성능이나 수명에 미치는 영향이 크다. 그런데도 우리 나라에서는 이러한 부품을 세계적인 수준으로 생산하는 업체가 없는 것이 현실이다. 세계적인 자동차는 세계적인 경쟁력을 가진 부품업체와 함께 탄생한다. 이런 관점에서 볼 때 국내 부품업체들의 수준이 더욱 높아져야 할 것이다.

선진국 자동차 메이커와 비교할 때 국산자동차의 품질 수준이 많이 개선되고 있다. 품질이 세계에서 가장 까다롭다고 할 수 있는 미국에서도 평가가 크게 높아지고 있는 것이다. 대표적인 품질측정기관인 J.D Power사에서 발표하는 자료에서도 그대로 드러나고 있으며, 이러한 평가는 국산자동차의 판매대수 증가로 연결되고 있다.

특히 현대의 경우 기아 합병 이후 품질혁신운동인 식스 시그마(SIX SIGMA) 활동을 대대적으로 전개하여 그 효과를 톡톡히 보고 있다. 과거에는 품질보다는 물량 위주의 전략이었으나 새로운 경영진이 들어선 이후 품질을 바탕으로 한 수익성 전략을 구사한 결과라고 할 수 있겠다. 현대에서는 5년 동안 전혀 고장이 없는 무(無)고장 차량의 양산을 목표로 전사적인 품질혁신운동을 추진 중이다.

7

보이지 않는 뿌리

딤채에서 배우는 구전 마케팅

　　　　　　대도시의 가정주부들이 가장 갖고 싶어하는 것을 조사했더니 김치냉장고가 1위를 기록했다고 한다. 김치냉장고는 아파트 생활의 불편함 가운데 하나인 김장김치 문제를 해결하는 데 결정적 기여를 했다는 평가를 받고 있다. 김치냉장고가 오늘날과 같이 대중화되기 시작한 것은 불과 1~2년 전의 일이다.

　1995년 국내 최초의 김치냉장고인 딤채를 개발한 것은 만도였다. 자동차용 에어컨을 전문적으로 생산하던 만도에서는 이러한 공조 기술을 바탕으로 딤채를 고안해냈다. 그 당시만 해도 김치냉장고는 생소한 단어였으며 판매수량도 연간 4000대에 불과했다. 주부들은 김치냉장고의 효용성을 제대로 이해하지 못했다. 궁리 끝에 만도가 생각해낸 것은 아파트 단지에서 영향력이 높은 가정주부들을 선발해서 딤채를 무료로 사용하도록 하는 제도였다. 사용하는 과정에서 느낀 만족스러운 점을 적어내도록 한 것이 전부였다.

만도의 이러한 노력은 서서히 효과를 발휘하기 시작했다. 딤채에 저장한 김치를 먹어본 가정주부들은 그 맛에 크게 만족했다. 이렇게 만족한 가정주부의 입을 통해서 딤채는 시장을 넓혀갔다. 아파트의 급속한 보급과 함께 말 많은 아줌마들의 입을 통해 딤채의 판매도 늘어났다. 김치냉장고 시장이 의외의 속도로 성장하게 되자, 기존 가전제품 메이커인 삼성이나 LG에서도 다맛과 김장독을 내놓았다. 성장기에 새로 등장한 경쟁제품으로 인해서 시장은 더욱 확대되었다.

삼성이나 LG 등에서 우월한 영업망과 가전 브랜드 파워로 시장을 공략하고 있지만 만도 딤채는 여전히 선두를 달리고 있다. 만도 딤채의 제품력이 다른 메이커에 비해서 뛰어나기 때문에 가정주부들은 삼성전자 대리점에서 딤채를 찾는 웃지 못할 해프닝도 벌어진다고 한다. 만도는 초기의 어려운 시장 환경을 가정주부들의 입 소문을 활용하는 구전 전략으로 성공의 기틀을 마련했던 것이다.

정경유착이라는 비난과 반대 속에서 1995년 삼성은 승용차 사업에 뛰어들었다. 1998년 3월 삼성자동차는 SM5 시리즈 중형승용차를 생산하며 의욕적으로 출발했다. 하지만 그것이 전부였다. 기대했던 현대와의 치열한 경쟁은 무산되었고, 곧이어 터진 IMF 사태로 삼성은 자동차 사업을 포기해야 했다. 삼성의 포기로 SM5를 구입한 고객들은 A/S, 부품조달 등에서 큰 피해를 볼 수밖에 없었다.

그런데 SM5 시리즈는 시장에서 퇴출이 되지는 않았다. 부산의 택시기사를 중심으로 SM5를 구입한 고객들의 만족도가 의외로 높았기 때문이다. 택시기사를 중심으로 SM5의 내구성, 승차감 등 장점이 입에서 입으로 전해졌던 것이다.

삼성자동차가 퇴출이 되고 광고가 없었음에도 불구하고 SM5의 판매는 꾸준히 늘어났다. 르노삼성에 인수된 이후에는 판매가 더욱 늘어나고 있다. 2000년에는 1만 9312대가 팔려 중형차 시장에서 12.6퍼센트의 시장점유율을 기록했으며 최근에는 20퍼센트에 육박하고 있다. 삼성 SM5 택시를 구입하기 위해서는 3개월 정도 기다려야 인도 받을 수 있다고 한다.

SM5의 작지만 소리 없는 성공도 역시 딤채처럼 주사용자인 택시기사들의 입 소문에 근거한 것이었다. 르노삼성에서도 이런 사실을 잘 알고 있기 때문에 택시 구입자에 대해서는 특별히 우대를 하고 있다고 한다. 예를 들어 영업소 내에 택시기사들을 위한 휴게 라운지를 설치하는 것도 특별 우대의 일환이다.

택시와 택시기사들은 훌륭한 홍보 수단이 될 수도 있지만, 자칫 잘못하면 비난의 주역으로 등장할 수도 있다. 이런 점을 고려하여 자동차 메이커에서는 다른 어떤 곳보다 택시 시장에 심혈을 기울인다.

봉고는 1톤 트럭과 미니버스의 대명사였다. 1980년 도산 위기에 빠진 기아자동차를 구한 효자 모델이었다. 기아차는 봉고의 성공으로 재기할 수 있었다. 그렇게 기사회생한 기아차는 판매 부진과 자금난으로 1997년 7월 결국 부도가 났다.

기아차의 부도 뒤에도 1톤 트럭과 미니버스의 판매 부진이라는 알려지지 않은 이유가 있었다.

기아에서는 프라이드 이후 인기 있는 승용차를 만들어내지 못했다. 제대로 판매할 수 있는 차종은 1톤 봉고 트럭과 봉고버스의 후속 모델인 프레지오밖에 없었다. 프라이드 이후 개발된 아벨라나 세피아, 크레도스 등은 엑센트, 아반떼, 쏘나타의 기세에 눌려 별로 힘을

현대 1톤 트럭 포터에 대한 구전 홍보 효과는 경쟁 차종인 봉고 트럭을 상대적으로 위축시켰다.

쓰지 못했다. 시장 규모와 판매대수, 경쟁 강도 등을 고려할 때 그래도 믿을 것이라고는 봉고와 프레지오뿐이었다.

판매 1위를 유지하던 봉고는 현대 1톤 트럭인 포터에 1994년부터 역전을 당했고, 1996년 이후에는 포터의 제품력에 눌려 판매가 더욱 줄어들었다. 시장을 만회하기 위해 1997년 4월 새로 출시한 프런티어도 포터를 극복하기에는 역부족이었다.

봉고 미니버스도 1993년 현대 그레이스에게 1위 자리를 내주었다. 심혈을 기울여 1995년 10월부터 판매하기 시작한 프레지오도 1997년 3월에 출시된 현대 스타렉스에 눌려 판매가 급격히 감소되었다.

월 1만 대 수준이던 판매대수는 4000~5000대 규모로 줄어들었다. 기아의 자금줄이었던 봉고 트럭과 미니버스의 판매 부진이 그대로 회사의 부도로 이어졌다고 해도 지나친 말은 아닐 것이다.

1톤 트럭과 미니버스는 용달이나 자영업을 영위하는 사람들이 주로 사용한다. 1톤 트럭과 미니버스도 광고에 의존하기보다는 먼저

그레이스도 미니버스 시장에서 봉고 신화를 압도하는 데 한몫을 했다.

구입한 사람들의 입 소문을 통해서 구매로 이어지는 특징을 가지고 있다. 구매 이유를 묻는 질문에 써본 사람의 평가가 항상 1위로 기록되고 있다는 사실이 이것을 증명하고 있다. 1톤 트럭은 택시와 마찬가지로 개인용달 기사들의 평가가 큰 영향을 미친다. 개인용달 기사들도 같은 업종에 종사하면서 입에서 입으로 제품에 대한 평가를 급속도로 전파하는 계층이라고 할 수 있다. 미니버스의 경우도 슈퍼나 식당 등 같은 업종에 종사하는 사람들의 평가를 중요시하는 특징을 가지고 있다. 기아 부도의 배경이 된 봉고 트럭과 미니버스의 판매 부진도 구선 효과의 의힌 것이라고 할 수 있다.

구전에 의한 제품 판매가 자연스러운 마케팅 기법으로서 가장 효율적이고 바람직하다고 한다. 먼저 써본 사람의 평가에 따라 구매가 발생한다는 점에서 메이커에서는 경쟁력이 뛰어난 상품을 개발하는 데 전념하기만 하면 되는 것이다.

이러한 구전 마케팅도 메이커에서 적극적·의도적으로 활용하는 경우가 많다. 인위적으로 자사에 유리하고 경쟁사에 불리한 입 소문을 만들어내는 것이다. 2인 1조로 택시 승객을 가장하여 택시 내에서 특정 제품을 깎아 내리는 대화를 지속적으로 반복하는 것은 고전적인 수법에 속한다. 경쟁 제품의 문제점이 보도된 기사를 대량으로 복사해서 지하철 선반에 얹어두는 수법도 종종 이용된다. 언론 노출 빈도가 높은 유명인에게 자기 회사 제품을 증정하고 언론에 노출시키도록 하는 방법도 있다.

토요타의 카롤라와 닛산의 서니

카롤라(Corolla)는 토요타의 소형승용차다. 카롤라는 일본을 대표하는 대중자동차이자 토요타의 대표 모델로 평가되고 있다. 1966년 9월 처음 출시된 이후 34년 동안 장수하고 있는 모델이기 때문이다. 변화하는 고객들의 욕구를 상품 개발에 반영하기 위해 상품 개선을 지속적으로 추진한 결과다.

카롤라는 일본 시장에서 31년째 승용차 부문 판매 1위를 거듭하고 있다. 1999년에도 16만 677대가 판매되어 경쟁 승용차 및 레저용 차량을 제치고 여전히 1위를 고수하고 있다.

서니(Sunny)는 닛산의 소형승용차다. 1966년 4월 출시된 이후 카롤라와 함께 34년째 판매되고 있다. 카롤라와 마찬가지로 지속적인 상품 개선으로 장수하고 있으며, 판매대수도 적지 않다. 닛산 서니는 1999년 5만 4843대가 판매되며 일본 내 승용차 판매순위 10위를 기

일본 시장에서 31년째 판매 1위를 거듭하고 있는 토요타의 '카롤라'.

록했다. 카롤라와 서니는 일본 국내에서 치열한 경쟁을 벌이고 있는 라이벌 모델이기도 하다.

카롤라와 서니는 경쟁 관계지만 일본 국민들의 자동차 보유 욕구를 충족시켜준 대표적인 승용차들이다.

우리 나라의 현대 엑셀과 같은 존재라고 할 수 있다. 엑셀은 1985년 출시 후 국내외에서 100만 대 이상 판매되며 국민들의 마이카 욕구를 실현시켜준 대표적인 모델이기 때문이다.

카롤라와 서니도 1964년 동경올림픽을 계기로 경제 성장을 거듭하고 있던 일본에서 출시되었다. 당시 일본에서는 자동차 보급이 급속히 늘어나던 시기로 혼다, 미쯔비시 등의 메이커들이 자동차 시장에 본격적으로 뛰어들고 있었다. 토요타와 닛산은 성장기에 있는 자동차 시장에서 주도권을 잡기 위해 엄청난 경쟁을 하고 있었다.

카롤라와 서니의 경쟁은 토요타의 코로나(Corona) 대 닛산의 블루버드(Bluebird)의 경쟁과 더불어 일본 자동차산업의 초기 역사를 장식했다고 평가되고 있다. 일본에서는 코로나와 블루버드의 경쟁 관계를 CB전쟁이라고 하듯이 카롤라와 서니의 관계를 CS전쟁이라고

토요타의 카롤라와 경쟁하면서 1966년 출시 이후 35년째 장수하고 있는 닛산의 소형승용차 '서니'.

부른다. CS전쟁과 같은 판매 경쟁에서 닛산이 토요타에 번번이 패배해서 르노로 인수되는 결과를 초래했다고 해도 과언이 아닐 것이다.

카롤라가 31년째 판매 1위를 달성하며 일본의 대중 국민차로 사랑받게 된 출발점은 아주 단순하다. 1966년 초기 출시 시점의 정보전에서 닛산 서니를 완전히 제압하며 마케팅 포지셔닝에서 우위를 점유했기 때문이다.

닛산 서니는 1966년 4월, 카롤라는 같은 해 9월에 일본 시장에 첫선을 보였다. 서니는 토요타를 앞질러 신차의 차명(車名) 공모로 프리마케팅(Premarketing)을 개시했다. 그 당시 사상 최고인 총 응모 숫자 850만 통을 기록하며 고객들과 매스컴의 대대적인 관심 속에 서니(Sunny) 라는 이름으로 결정했다.

토요타도 비슷한 시기에 경쟁 모델을 개발하고 있었다. 토요타는 서니가 도대체 몇 cc의 엔진 배기량을 가진 차인지 처음에는 몰랐다. 토요타가 계획하고 있던 카롤라에 장착할 예정인 K형 엔진은 1000cc에서 1200cc의 허용량을 가지고 있었다. 그래서 서니의 엔진 배기량에 따라 어떤 전략을 구사할 것인지 결정할 수 있었기 때문에 관심을

토요타의 카롤라는 제품의 강점과 함께 마케팅 전략에서도 닛산의 서니를 압도한 셈이다.

집중하게 되었다.

   토요타와 닛산자동차 사이에 미국과 소련의 스파이 전쟁을 방불케 하는 정보전이 벌어질 것은 불을 보듯 뻔했다. 국민들의 자동차에 대한 관심 증대와 함께 매스컴에서도 두 회사의 경쟁을 연일 대서특필하고 있었다. 토요타는 1966년 초 자사의 정보망을 통해 닛산 서니가 1000cc라는 정보를 얻고 카롤라의 엔진 배기량을 1100cc로 하기로 결정했다.

   닛산의 서니는 1966년 4월 발매된 이후 선풍적인 인기를 얻으며 판매되고 있었다. 토요타에서는 서니와 경쟁하기 위해 1100cc라는 배기량을 마케팅 전략 포인트로 내세우기로 결정했다. 토요타는 카롤라 출시 후 "플러스 100cc와 100cc의 여유"라는 캠페인을 집중적으로 전개했다. 서니를 포함한 당시 대중적인 차량들의 엔진 배기량인 1000cc와의 차별화를 목표로 한 공략 컨셉이었다. 카롤라는 "플러스 100cc, 100cc의 여유"라는 캠페인을 통해 서니에 비해 우수한 엔진 성능을 강조했다. 토요타는 두 가지 컨셉을 주제로 텔레비전, 라디오, 신문 등을 통해 다양한 광고 및 홍보 활동을 전개했다.

자동차 대중화와 함께 차별화가 되고 성능이 좋은 차량을 갈망하던 일본 고객들의 욕구와 토요타의 캠페인은 기가 막히게 일치했다. 이러한 토요타의 마케팅 전략에 따라 발매 후 3개월 만인 1966년 11월부터 카롤라는 서니와의 경쟁에서 앞서기 시작했다. 그 이후에도 서니는 시장에서 고전하며 현재까지 토요타의 카롤라에 줄곧 뒤지고 있는 것이다.

토요타에서 100cc 큰 엔진 배기량을 USP(Unique Selling Point)로 삼아 마케팅 활동에 적절히 활용한 것이 카롤라의 성공 요인 중 하나라고 할 수 있겠지만, 마케팅 전략 이전에 제품이 지닌 강점이 보다 근본적인 성공 요인이라고 할 수 있다. 이러한 제품상의 강점은 경쟁사의 정확한 정보를 반영한 결과인 것이다.

자동차는 내구 소비재로서 개발기간이 4~5년에 이르며 한번 결정된 사항을 번복하는 데 많은 위험이 따른다. 2만여 개에 이르는 부품과 이들 부품을 생산하는 부품업체, 대규모 생산라인이 필요하기 때문에 정확한 의사 결정이 필요하다. 자동차 메이커에서는 정확한 의사결정으로 고객들로부터 인기를 얻을 수 있는 차종을 개발하기 위해 다방면으로 노력한다.

그런 노력 가운데 하나가 경쟁사 제품 정보 등 마케팅 정보를 수집하여 자사의 제품 개발에 반영하는 것이다. 위의 사례에서처럼 토요타가 서니의 배기량이 1000cc라는 정보를 조기에 입수하여 제품 개발 및 마케팅 전략에 효과적으로 활용하지 못했다면 과연 시장에서 승리할 수 있었을까. 물론 정보 이전에 이들 정보를 효과적으로 활용할 수 있는 능력과 제품 개발 능력이 요구되는 것은 당연하다.

국내 자동차업계에서도 당연히 경쟁사 제품 정보 등을 조기에 입수하기 위해 끊임없이 노력한다. 경쟁사 정보를 수집하기 위해 비밀 모니터 조직을 운영하는 등 치열한 정보 수집 활동을 전개하는 것이다. 고급 정보는 인맥을 통해서 나올 수 있기 때문에 정·관계 및 경쟁사의 고위급 인사들을 별도로 관리하는 곳도 있다. 직원을 가장해서 경쟁사에 잠입하기도 한다. 또한 시험중인 신차가 운행되는 것을 촬영하기 위해 야산이나 도로에서 카메라를 붙잡고 밤을 새기도 한다. 인터넷 사이트나 자동차 마니아들을 활용해서 공개적인 정보를 수집하는 방법도 있다.

이 모든 활동들이 시장에서 승리하기 위한 노력의 일환인 것이다. 적을 알고 나를 알면 마케팅 전쟁에서도 승리할 수 있다. 토요타 카롤라는 이를 증명하는 대표적이고 전설적인 사례로 자주 인용된다.

보안과 홍보는 동전의 양면

지난 1992년 2월말의 일이다. 2000년대 초반에 출시될 신형 자동차에 대한 컨셉 클리닉(Concept Clinic)을 올림픽공원 내의 올림픽 프라자에서 실시한 적이 있었다.

컨셉 클리닉이란 향후 고객들에게 판매할 예정인 신형 자동차의 스타일, 성능, 가격, 사양에 대해 종합적으로 사전 조사를 실시하고 그 결과를 제품 개발 또는 마케팅 전략 수립이나 판촉 활동에 반영하는 것을 뜻한다. 말하자면 몇 년 뒤에 나올 신형 자동차의 주 고객이 될 것으로 생각되는 소비자들을 엄격한 과정을 거쳐 선정한 후 초청하고, 초청된 예상 타깃 고객 층에게 신차를 보여주고 그에 대한 반응을 미리 조사하는 것이다.

하나의 자동차를 개발하여 소비자들에게 선보이기 위해 자동차 메이커에서는 짧게는 4~5년, 길게는 7~8년 전부터 다양한 형태의 소비자 반응 조사, 해외 동향 조사, 경쟁사 및 경쟁 제품 조사 등 신차 개발과 관련된 업무를 시작한다. 컨셉 클리닉은 이러한 전체 신차 개발 과정의 초기 단계에 속하는 작업이라고 할 수 있다.

신차 개발 과정에는 위에서 언급한 대로 긴 시간과 수많은 직원, 소비자들이 참여하게 된다. 특히 최근에는 예상 소비자들을 대상으로 한 사전 조사가 많이 실시되고 있다. 소비자들의 욕구를 정확히 반영하기 위해서다.

그런데 이러한 과정에서 신제품에 대한 정보가 유출되는 경우가 많아 자동차 메이커에서는 개발될 신차의 보안에 극도로 신경을 쓰게 된다. 컨셉 클리닉을 주관하는 직원들도 보안 문제에 특별히 신경을 쓰기는 마찬가지다. 컨셉 클리닉은 보안이 유지되는 실내에서 이루어지기 때문에 크게 염려하지 않아도 된다. 그리고 참석한 고객은 어떤 메이커에서 이 행사를 실시하는지 전혀 알 수 없도록 사전에 조치를 한다. 하지만 컨셉 클리닉에 사용될 신형 자동차를 운반하는 과정이 문제다. 연구소가 있는 울산에서 서울까지 운반하는 과정에서 신차 관련 정보가 유출될 수도 있기 때문이다. 예를 들어 경쟁사 직원이 운반중인 차량을 도로상에서 목격할 수도 있는 것이다.

신형 차량을 한번 보는 게 그렇게 문제가 되느냐고 반문하는 사람도 있겠지만, 운반하는 차량의 넘버를 추적하면 어떤 메이커에서 신차를 준비하고 있으며 어떤 형태의 차라는 정보를 쉽게 알아낼 수 있다. 이를 토대로 더 많은 정보를 추적해보면 경쟁사의 움직임을 꿰뚫기는 식은 죽 먹기다. 뿐만 아니라 언론을 통해 일반 소비자들에게 신차 정보가 자주 노출되면 막상 신차가 나올 때는 신선한 느낌을 주지 못해 판매에 어려움을 겪을 수도 있다.

자동차 메이커는 신차 개발 정보의 누출을 막기 위해 2중, 3중의 보안용 포장을 씌우는 등 여러 방법을 동원한다.

　자동차 메이커에서는 정보 노출을 막기 위해 일반적으로 신차를 운반하는 시간을 심야 시간대로 잡고 어떤 형태의 차량인지 구별할 수 없도록 2중, 3중의 포장을 씌우는 등 여러 방법을 동원한다. 하지만 야간의 고속도로를 빠른 속도로 달리기 때문에 거센 바람의 영향으로 외부 포장은 쉽게 찢어지기 일쑤다. 차량이 목적지에 도착하면 누가 볼 새라 잽싸게 행사장에 집어넣는다. 이런 과정은 클리닉이 끝난 차량을 연구소로 돌려보낼 때도 마찬가지로 반복된다.

　선진 자동차 메이커들도 보안 유지 활동은 예외가 없다. 국내 자동차 메이커들은 신차 개발 사실이 외부로 흘러나가지 않도록 심야에 위장막을 덮어씌운 채 사람들의 통행이 많지 않은 자유로 등에서 주행 시험을 하기도 한다. 미국 등 선진 메이커들은 외부의 사진 촬영이 불가능하도록 주행 시험장 둘레에 나무를 심거나 위장막을 만들어 놓기도 한다. 또 공중에서 헬리콥터로 촬영하는 것을 막기 위해 헬리콥터 소리만 들려도 숨을 수 있도록 비상용 천막을 설치하는 곳도 있다. 흡사 007 작전을 방불케 하는 대비책이다. 그렇지만 누가 더 열심히 보안 유지를 위해 노력하느냐에 따라 회사의 경쟁력이 결정되기 때문에 이런 대비책은 피할 수 없는 현실이다.

국내외 각 자동차 메이커에서 신차 개발과 관련하여 실시하는 보안 유지 활동의 종류는 다양하다. 치열한 경쟁 속에서 선두를 차지하기 위해 노력하는 메이커들의 한 단면을 엿볼 수 있을 것으로 생각되어 소개하고자 한다.

첫째, 신차 개발 사실을 제3자가 알 수 없도록 관련된 프로젝트를 암호화한다. 예를 들어 테라칸 개발 프로젝트는 HP, 라비타는 FC, 트라제는 FO, 리베로는 SR 등의 프로젝트명으로 불리었다. 이와 같이 프로젝트명을 암호화하는 것은 직원들의 대화를 엿듣거나 관련된 자료를 우연히 보더라도 외부인들이 그 내용을 쉽게 알 수 없도록 하기 위해서다.

둘째, 카탈로그나 광고 등을 위한 사진 촬영도 비밀리에 실시한다. 현대의 경우 금강기획에 의뢰해서 사진 촬영 등을 실시하는 경우가 많은데 촬영 장소도 외부인이 접근할 수 없도록 조치한다. 외국의 주요 자동차 메이커들은 자사 내의 연구소에 아예 별도의 촬영용 스튜디오를 두는 경우도 많다고 한다.

셋째, 험로(險路), 혹한, 혹서에 대한 반응을 조사하는 야외 주행시험도 극비리에 실시한다. 그리고 위에서 밝힌 것처럼 사진 촬영을 피하기 위해 주로 오후 9시부터 자정 사이에 위장막을 씌워서 이동한다. 이 경우 승용차는 트럭처럼, 트럭은 승용차처럼 위장해 새로 출시될 차량이라는 사실을 정확히 파악하지 못하도록 한다. 일부 메이커에서는 새로 개발될 차의 형체를 전혀 알아볼 수 없도록 스펀지나 가죽으로 위장하기도 한다. 탱크같이 위장막을 둘러쓴 승용차를 잡지 등에서 볼 수 있는 것도 이런 이유 때문이다.

넷째, 발뺌 작전이다. 언론 등에서 신차 개발 문의가 있더라도 강력하게 부인한다. 경쟁사의 움직임 등을 고려해 신차발표회 시점도 여러 개 설정해 만약의 사태에 대비한다. 신차 발표와 관련된 안내 책자 등을 만드는 작업도 비밀리에 하도록 조치한다. 가장 중요한 가격은 최대한 발표 시점까지 결정을 미루는 경우가 대부분이다.

이러한 보안 유지 활동과는 달리 적극적으로 차량 개발 사실을 공개하는 전략을 쓰는 경우도 있다. 예를 들어 대우가 독주하고 있던 경차 시장 공략을 위해 현대는 아토스를 출시하기 1년 전인 1997년 서울모터쇼에서 모형을 공개하고 소비자들의 반응을 체크한 적이 있다. 신차를 미리 공개해 경쟁사 차량을 구입하려던 고객을 잡아두고 자사 차량이 출시되면 구입하도록 유도하려는 전략의 일환인 것이다.

현대의 싼타페도 동일한 사례였다. 싼타페 모델을 미리 보여줌으로써 무쏘, 코란도를 구입하려던 소비자들이 기다리도록 유도하기 위한 전략이었다. 서울모터쇼나 시카고모터쇼에 미리 등장한 싼타페는 많은 고객들을 기다리도록 만들었다. 이러한 사전 공개는 자기 회사에서 판매 중인 다른 차종의 판매에 부정적인 영향을 미치지 않고 경쟁 모델을 구입하려던 고객을 붙잡아둘 수 있는 차종에 한해 실시된다. 미리 노출되지 말아야 할 것과 사전에 공개해야 할 것을 적절히 선택하는 것도 중요한 마케팅 활동의 하나다.

구세주냐 저승사자냐

언론을 제4의 권력이라고들 한다. 입법, 사법, 행정과 함께 현대의 사회생활에 큰 영향을 미치기 때문이다. 언론의 시각이나 보도 태도에 따라 동일한 사건의 해석이 달라지기도 한다. 사회가 선진화되려면 언론이 깨어 있어야 한다는 말도 그래서 설득력이 있다. 〈매드 시티(Mad City)〉라는 미국 영화가 있다. 더스틴 호프만이 방송사 기자 역할을 리얼하게 연기하는 영화로, 언론의 시각이 얼마나 중요한지 잘 보여주는 대표적인 영화로 손꼽힌다.

언론의 역할이 워낙 막강해지고 언론 보도에 따른 사회적 파장이 크기 때문에 많은 사람들이 언론을 이용하면서도 두려워한다. 특히 정치인들이나 연예인들은 언론과 가까우면서도 언론을 무서워하는 대표적인 계층이라고 할 수 있다. 무명의 연예인이 신문의 대서특필 때문에 하루아침에 일약 스타가 되기도 한다. 유명 연예인이 무심코

내뱉은 부주의한 말 한 마디가 자신의 생명을 단축시키기도 한다. 다음은 이런 사실과 관련된 일화들이다.

결혼한 중견 탤런트인 박모 씨는 힘들게 첫 아들을 출산하고 분만실을 나오다가 분만실 앞에 진을 친 카메라 기자 부대 때문에 또 한 번 기절할 뻔했다. 퉁퉁 부은 맨 얼굴을 마구 찍어대는 기자들에게 "내 사진이 나가면 모조리 고소하겠다"고 고함을 치며 펄펄뛰었다. 흥분하여 순간적으로 저지른 말실수였지만, 순간의 선택이 그녀의 일생을 좌우해 버렸다. 그 뒤로 그녀에 대한 기사는 스포츠 신문 등의 연예면에 거짓말처럼 한 줄도 나오지 않았고, 대중의 기억에서도 서서히 잊혀져 갔다.

신인 탤런트인 정양도 한 스포츠지 인터뷰를 거절했다가 혼쭐났던 경험이 있다. 시건방져서 선배들에게 인사도 하지 않는다느니, 늘 녹화현장에 지각을 해서 스태프들로부터 미움을 받는다느니, 근거도 없이 씹어대는 기사들이 이어졌기 때문이다. 하지만 그 정도는 다행으로 생각해야 한다. 털어서 먼지 안 나는 사람 없고, 만약 기자들이 맘먹고 스타들의 과거나 스캔들을 캐내려고 달려들면 한순간에 끝장낼 수도 있기 때문이다. 소위 '독자의 알 권리'를 위해 연예인이나 공인들의 숨기려는 부분까지 기자들은 귀신처럼 들춰낸다.

연예인이나 정치인들처럼 언론에 민감하게 반응하지는 않지만 모든 회사의 홍보팀 직원들도 기자들과 실랑이를 벌이기는 마찬가지다. 자사 제품에 대한 좋은 기사가 언론에 보도되도록 하려면 마음에 없는 행동도 해야 한다. 밤늦게까지 술집에서 소주잔을 기울이기도 해야 하고 주일날 가족을 집에 두고 골프 접대도 해야 한다.

반대로 기자들은 좋은 정보를 얻어내어 특종을 하기 위해서 업체 관련자들을 만나고 정보원을 관리하게 된다. 언론사 기자들은 다른 기자들보다 앞서 보도하는 특종을 함으로써 보람을 느낀다. 기자들은 뉴스거리라고 판단되면 먹이를 낚아채기 위해 낙하 비행하는 독수리처럼 달려든다.

현대자동차의 테라칸 전국순회교육 중에 있었던 일이다. 통상 자동차 메이커에서는 새로운 자동차가 출시되기 1~2주 전에 전국의 영업사원을 대상으로 교육을 실시한다. 이런 교육에는 출시될 새차를 가져가서 보여주고 시승(試乘)을 하기도 하는 등 직접 교육을 한다.

테라칸은 2001년 2월 14일 현대·기아자동차 양재동 사옥에서 신차발표회를 가질 예정이었다. 전국순회교육은 신차발표회를 앞둔 2월 9일경 거의 끝을 맺었다. 때마침 2월 10일이 토요일이고 기아자동차 카니발2의 신차 발표회가 있는 날이었다. 기아에서 초대한 각 언론사의 기자들이 양재동 현대·기아자동차 사옥에 모여들었다. 카니발2에 대한 신차발표 행사가 끝난 이후 기자들이 돌아갔다.

그런데 우연히 그 기자들 중 방송사의 기자 한 명이 주차장에 세워진 테라칸을 발견하고 먹이를 낚아채는 독수리처럼 열심히 촬영을 했던 것이다. 이 사실은 즉시 현대자동차 홍보팀에 전달되었다. 테라칸은 전국순회교육용으로 사용된 후 본사에 도착하여 반납을 기다리고 있던 중이었다. 과거 현대와 기아가 별도 사옥을 유지하고 있을 때는 발생하지 않았을 일이지만, 동일한 건물에 입주해 있다 보니 발생한 해프닝이었다.

테라칸은 2001년 2월 14일의 신차발표회를 앞두고 언론에 미리 포착되는 바람에 난처한 입장에 처하기도 했다.

    2월 14일의 신차발표회를 앞둔 시점에 특정 언론사에서 테라칸에 대한 뉴스를 먼저 내보내게 되면 특종이 되는 셈이다.
    그러나 다른 언론사들은 이미 보도된 내용을 새삼스럽게 뒤늦게 보도할 필요성을 느끼지 못한다. 신선감도 떨어지고 뉴스로서의 가치를 상실하기 때문이다. 이런 이유 때문에 모든 기자들을 동시에 모아놓고 신차발표회를 하게 되고, 그 다음날 모든 언론에 동시에 기사가 실리는 것이다.
    전사적인 행사를 앞두고 특정 언론에서 테라칸에 대한 내용을 먼저 보도해 버리면 행사의 의미가 없어진다고 판단한 현대자동차 홍보팀에서는 직원들을 총동원해서 보도를 막기 위한 로비를 벌였다. 회사의 난감한 입장을 설명하고 보도 자제를 요청했던 것이다.
    홍보팀 직원들의 노력으로 다행히 보도는 되지 않았고 아무 탈 없이 예정대로 2월 14일 성대한 신차발표회를 거행할 수 있었다. 그리고 그 날 밤 각 텔레비전 방송과 다음날 아침 각 신문에는 테라칸 신차 발매 소식이 대문짝만하게 나왔다. 기대 이상으로 언론에서 테라칸 발매 소식을 보도해주었기 때문에 홍보팀 직원들은 한숨을 내쉬었고 다음 업무를 진행할 수 있었다.

광고는 자기 돈을 들여서 소비자들이나 타깃 고객 층들에게 회사 제품을 알리는 것이고, 홍보는 언론사에서 객관적으로 사실을 보도해주는 것이다. 광고보다는 홍보가 더욱 신뢰성이 있고 독자들도 좀 더 관심을 가지게 된다. 광고는 일방적으로 알리는 것이지만 홍보 기사는 언론사의 평가가 개입된 공신력, 신뢰성이 있기 때문이다.

중앙 일간지에 전면 광고를 한번씩 게재하기 위해서는 약 1억 원 가까운 비용이 소요되는 것을 고려할 때 홍보 기사는 거의 공짜에 가깝다. 물론 행사를 준비하기 위해 투자되는 금액이 있지만, 이것은 신차발표회가 홍보 기사를 위한 것만이 아니기 때문이다. 그래서 각 메이커에서는 광고보다는 홍보성 기사를 통해 타깃 고객 층에게 다가가는 것이 훨씬 효과가 빠르고 신뢰성이 있기 때문에 홍보에 전력을 기울이게 되는 것이다.

홍보를 통한 제품 알리기도 마케팅의 주요한 활동 중의 하나다.

8
자동차도 문화상품이다

미국인들은 왜 경트럭을 선호하는가

1981년부터 1998년까지 18년 동안 해마다 판매대수에서 미국 1위를 기록했던 자동차가 있다. 1948년 처음 출시된 이후 현재까지 약 2700만 대가 생산되었고, 현재 미국에서 약 800만 대가 운행되고 있다. 미국 시장에서만 단일 차종으로 매년 150만 대 이상 판매된다.

이러한 세계 최고의 기록을 가지고 있는 차는 포드의 F시리즈라는 픽업이다. 1999년 혼다의 어코드에 눌려 판매내수 1위 자리를 넘겨주기는 했지만 여전히 포드의 핵심 차종이다. 그리고 2000년에는 다시 1위에 등극하는 저력을 과시했다.

픽업은 미국에서 밴(VAN), SUV(Sport Utility Vehicles)와 함께 경트럭으로 분류된다. 경트럭이란 보통의 트럭처럼 화물을 수송하기에 용이한 프레임을 가진 구조지만 승용차 특성이 일부 가미된 것이다. 그런데 이들 3가지 차종은 미국의 대표 차종으로 미국 자동차 시장의 50퍼센트에 육박하는 점유율을 보이고 있다.

미국에서 처음 픽업이 출시되었을 때만 해도 주요 수요층은 농부나 목동, 일부 소규모 상인 등으로 직업상 짐을 나르는 데 사용되었다. 그러나 1970년대 이후 경트럭을 출퇴근이나 여행 등 승용차와 같은 목적으로 사용하는 추세가 나타나기 시작했다.

1977년에 이들 경트럭 구매자들 중 25퍼센트가 개인용으로 차량을 사용했던 데 비해 오늘날은 개인적 목적의 사용자가 70~80퍼센트에 달한다는 조사보고가 있다. 미국을 한번이라도 여행해본 사람이라면 넥타이를 맨 화이트칼라 계층이 픽업으로 출퇴근하는 모습을 쉽게 목격할 수 있었을 것이다.

이러한 미국 구매자들의 경트럭에 대한 사고의 변화는 자동차 메이커들로 하여금 전략의 변화를 유도하는 요소가 되고 있다. 말하자면 자동차 메이커들도 경트럭을 개인 승용차로 사용하고자 하는 고객들의 욕구에 발맞추어 왔다. 1960년대만 하더라도 밴과 대형 픽업만이 경트럭 제품으로 만들어졌다.

그러나 오늘날의 경트럭 제품은 대형, 중형, 소형 픽업과 밴, 그리고 SUV로 세분된다. 여기에다 메이커들은 경트럭에 고급 승용차에서나 볼 수 있었던 에어백, ABS, 네비게이션 시스템 등의 옵션들을 추가하는 데 힘을 쏟아왔다. 최근에는 고급 승용차에 버금가는 승차감, 핸들링 성능을 자랑하는 모델들이 속속 추가되면서 미국인들의 경트럭에 대한 욕구를 충족시켜 주고 있다.

그렇다면 왜 미국인들은 이다지도 경트럭을 선호하게 되었는가? 이 점에 대해 많은 전문가들은 젊은이들이 청바지나 진을 좋아하는

미국인들이 경트럭을 선호하는 이유는 개척신화와 첨단 현대문명이 어우러진 미국 문화의 소산이다.

것과 같이 개척자의 영웅 신화, 즉 프런티어 정신을 지적하고 있다. 메이플라워(Mayflower) 호를 타고 거친 파도를 헤치며 신대륙을 찾아 온 개척자들의 후예라는 자부심이 강하기 때문이라는 것이다. 미국인들은 그 어느 나라의 국민보다도 영웅적 프런티어의 후예라는 의식을 잠재적으로 가지고 있다는 지적이다.

따라서 과거 카우보이나 서부 개척시대의 기병대와 같은 개척자의 선두로서 모험의 세계에 자신을 던지고자 하는 욕구가 크다고 한다. 이러한 욕구는 숨막히는 일상에서 억압을 느낄수록 더 한층 분출된다는 것이다. 일상에서 탈출하여 가방을 메고 광야를 누비듯이 경트럭에서 정신적 위안을 빚게 된다. 험한 산악이나 평원을 질주하는 개척자의 도전적 모습을 자신에게서 찾고 안락한 승용차보다 운전하기 거친 경트럭을 선호한다는 분석은 자동차 메이커의 전략에서도 엿볼 수 있다.

닛산은 자사의 경트럭에 '길을 찾는 자' 라는 의미의 '패스파인더(Pathfinder)' 라는 이름을 붙였다. 패스파인더는 화성을 탐험한 소형무인자동차의 이름이기도 했다. 닛산은 남아메리카의 험한 산악지대에서 패스파인더를 타고 모험하는 부부를 광고에 등장시켰다. 포드는 자사의 SUV에 '탐험자'라는 의미의 '익스플로러(Explorer)'라는 명칭을 붙였다. 크라이슬러는 자사의 인기 SUV에 '북미인디언 부족'을 의미하는 '체로키(Cherokee)', 미니밴에는 '사막을 누비는 상인이나 순례자들'을 나타내는 '캐러밴(Caravan)'이라는 명칭을 붙였다. 이들 모든 경트럭은 미국인들이 동경하는 개척자 정신을 표방하고 있으며 광고에도 한결같이 일상을 떠난 적막한 바위산 정상이나 광야를 등장시킨다. 이외에도 포드의 'Expedition(원정, 탐험)'과 'Escape(탈출, 벗어남)', 링컨의 'Navigator(항해자, 해양탐험가)', 토요타의 'Land Cruieser(순회선, 순양함)' 등 다수의 모델이 있다.

결국 미국인들이 경트럭을 선호하는 이유는 개척 신화와 첨단 현대문명이 어우러진 미국문화의 소산이라는 분석이다. 이것은 크라이슬러의 미니밴 'Town & Country'에서도 그대로 드러난다.

문화적 욕구를 충족하기 위해 경트럭으로 몰리는 미국인들에게 단순히 주행감이 좋고 핸들이 부드럽다는 식의 마케팅 활동은 큰 의미가 없을 것이다. 자동차도 문화적 배경을 토대로 탄생하는 문화 상품이라는 사실을 인식할 때 보다 마케팅 측면으로도 성공한 제품이 탄생하게 될 것이다.

아반떼투어링은 왜 인기가 없었을까

1999년 6월 업무 협의를 위해 서울을 방문한 현대자동차의 영국과 네덜란드 대리점 관계자들을 개인적으로 만난 적이 있었다. 한국을 여러 번 방문한 이들과 자동차 시장에 대해서 많은 이야기를 나누었던 것으로 기억된다. 이들은 처음 한국을 방문했을 때 서울 시내에서 포터나 봉고와 같은 1톤 트럭이 엄청나게 돌아다니는 것을 보고 가장 놀랐다고 한다.

한국에서 포터나 봉고 같은 소형트럭이 왜 유난히 많이 판매되는가? 슈퍼, 식당, 중소기업을 운영하는 사람들이 화물을 수송하기에 가장 적당한 차량이기 때문이다. 연료비가 저렴한 디젤엔진을 기본 장착하고도 차량 가격이 700만 원 대에 불과해 소형승용차인 베르나보다 저렴한 점도 빼놓을 없을 것이다. 작고 아담한 차체에 1톤 이상의 화물을 싣고도 시내 곳곳의 좁은 골목길을 종횡무진 다닐 수 있는 기동성 또한 중요한 요소로 분석된다. 작은 차체에 운전 공간과 화물 공간을 동시에 갖추고 있는 아주 효율적인 차량이기 때문이기도 하다. 그리고 픽업이나 화물 밴과 같은 대체용 차량이 없던 1970년대 초반부터 개인사업자들의 소량 화물 수송용 차량으로 오랫동안 이용되었던 전통도 무시할 수 없을 것으로 생각된다.

해외 시장 조사나 모터쇼 참가를 위해 유럽을 여러 번 방문한 경험이 있다. 자동차회사에 몸담고 있다 보니 어디를 가나 가장 먼저 눈에 띄는 것은 도로 위를 달리는 자동차들이다. 어떤 메이커의 차량인지, 차명은 무엇인지, 특징은 무엇인지 등이 주요 관심사다. 유럽을 처음 방문했을 때 도로 위를 달리는 자동차를 보면서 가장 특이하게 느낀 것은 아반떼투어링이나 스패건 같은 왜건형 차량이 유난히 많다는 점이었다. 또한 화물을 싣는 VAN 모델들이 도로 위를 질주하는 모습이 많아서 한국과 다르게 생각되었다.

유럽 국가에서는 문이 4개인 4도어 정통 세단보다는 문이 5개인 아반떼XD 5도어 형태의 해치백 스타일이나 아반떼투어링이나 스패건 같은 왜건형이 많이 판매되고 있다. 국내에서 유럽으로 수출되는 승용차도 5도어나 왜건형 차량이 많다. 그래서 국내 메이커들은 국내용으로 4도어 세단, 유럽용으로 5도어 해치백이나 왜건형 차량을 개발하는 것이다. 유럽에서 왜건형 차량의 판매가 많은 것은 물류 체계와 비싼 인건비 때문이라고 한다.

우리 나라에서는 동네 슈퍼에서 쌀 한 포대만 구입해도 배달해주고, 자장면 한 그릇도 친절하게 갖다준다. 하지만 유럽에서는 TV나 냉장고 등 값비싼 가전제품을 구입해도 고객이 직접 가져가는 관습이라고 한다. 배달을 요청할 경우 적지 않은 비용을 배달료로 지불해

유럽에서 인기가 높은 아반떼투어링이나 스패건 같은 왜건형 차량이 우리 나라에서 맥을 못 춘 것은 문화의 차이 때문이다.

야 할 뿐만 아니라, 즉시 전달되지도 않고 기간이 며칠씩 소요된다고 한다. 그리고 우리 나라 같이 동네 곳곳에 또는 집과 가까운 곳에 구멍가게나 슈퍼 등이 산재해 있는 것도 아니기 때문에 생필품도 한꺼번에 쇼핑센터 등에서 구입하고 있다.

그렇다보니 가전제품이나 쇼핑한 물건을 많이 실을 수 있고 여가나 주말 여행 때 활용도가 높은 아반떼XD 5도어나 아반떼투어링과 같은 왜건형이 많이 판매된다는 것이다. 이들 해치백이나 왜건형은 우리 나라 고객들이 선호하는 세단형보다 트렁크 공간이 커서 화물을 보다 많이 실을 수 있는 장점이 있기 때문이다.

국내에서도 지난 1995년 9월, 새로운 스타일링의 5도어 왜건형 차량인 아반떼투어링이 최초로 선보였다. 현대에서는 독특하고 새로운 스타일링의 아반떼투어링으로 국내 자동차문화를 변화시키고자 했으나 의욕만 높았지 실제 판매는 저조했다. 품위와 체면을 중시하는 우리 나라 고객들은 4도어 세단형에 대한 집착이 워낙 강했기 때문이다. 유럽과 같이 자신의 자동차 트렁크로 물건을 옮기는 문화도 아니어서, 스타일링상의 독특함 이외에는 굳이 아반떼투어링을 구입할 이유가 없었던 것이다. 아반떼투어링은 컴퓨터 부품상이나 청계천 등에서 잡화상을 하는 상인들이 소량 화물을 수송하는 화물차로 즐겨 이용되었을 뿐이다. 유럽의 경우처럼 가정용 다목적 차량이 아니라 소량화물 수송용 화물차로 각인이 되다 보니 국내에서는 판매가 부진했던 것이다.

아반떼투어링은 1996년 8159대를 정점으로 판매가 급격히 줄었고, 1998년 348대 판매를 끝으로 단종되었다. 그후 대우 스패건, 기아 파크타운과 리오 5도어 등이 계속해서 출시되었으나 크게 인기를 얻지 못하고 있다.

이탈리아 남부나 지중해 연안 지역을 제외한 대부분의 유럽 국가들의 날씨는 습도가 높고 비가 잦다. 이러한 날씨로 인해 화물을 수송하는 차량도 미국식의 픽업이나 한국식의 포터·봉고 같이 화물을 싣는 적재함이 개방된 차량은 한계가 있다.

당연히 짐 싣는 공간이 비나 눈 등으로부터 보호될 수 있도록 지붕이 덮여진 화물 밴 차량이 선호될 수밖에 없다. 유럽지역의 경우 포터나 봉고같이 적재함이 개방된 트럭은 거의 없다. 대신에 스타렉스, 그레이스처럼 짐 싣는 공간에 지붕이 덮여진 화물 밴 차량이 많다 보니 한국을 처음 방문한 유럽의 현대차 딜러들이 도로 위를 달리는 포터나 봉고가 유난히 많은 것에 놀랐던 것이다.

일본에서는 다른 어느 나라보다 경차가 많이 판매되고 있다. 연간 총판매대수의 40퍼센트 정도인 약 200만 대가 경차이기 때문이다. 일본 통산성은 1955년 5월 '국민차 계획'을 발표하며 자동차 보급 확대 정책을 실시했다. 경제 성장과 함께 자동차 소유를 희망하는 국민들의 요구를 충족시켜주기 위해 배기량 330cc의 경차를 국민차로 지정했다. 일본의 좁은 국토 현실과 높은 인구밀도, 주·정차 공간 부족을 배경으로 국민들을 경차로 유도하기 위해 다양한 정책도 실시했다. 경차 구입자에게는 주차장 증명서를 면제해주는 대신 그 이외의 차량에는 철저하게 주차장 증명서를 요구했다.

이에 따라 축소 지향형의 일본인 특성에 맞는 경차가 주류 차종으로 등장하게 된 것이다. 메이커들도 이러한 정부 정책에 부응한 다양한 경차 출시로 고객들을 유도했다. 그 후 경차는 550cc를 거쳐 1990년에는 660cc로 엔진 배기량이 커지면서 일본 국민들의 자동차 보유 욕구를 충족시켜 주고 있는 것이다.

한국의 포터와 봉고 트럭, 유럽에서 주로 판매되는 왜건형 차량, 일본의 경차는 모두다 지역성과 문화를 반영한 것이다. 미국인들이 서부 개척시대의 프런티어 정신을 동경하여 청바지에 배낭을 메고 픽업 차량을 운전하는 것을 좋아하듯이 지역성과 문화성을 반영한 것으로 해석된다. 지역성과 문화적 특징에 부응하는 자동차를 개발하는 것이 베스트셀러 모델을 탄생시키는 지름길이자, 마케팅에서 지향해야 할 방향으로 생각된다.

끼워 팔기와 주문 생산

　　자동차는 고가의 내구 소비재다. 일반 소비자들이 구매하는 상품 중에서 주택 다음으로 높은 가격을 지불한다. 그래서 구매를 결정하기 전에 많은 고민을 한다. 여기저기 물어보기도 하고 필요로 하는 정보를 얻기 위해서 인터넷을 뒤지기도 한다. 슈퍼에서 껌이나 치약을 사듯이 쉽게 결정하지 않는다. 구매자가 특정 물건을 구입하기 전에 많은 고민과 탐색 과정을 거치는 상품을 "관여도가 높다"고 한다. 자동차는 관여도가 높은 대표적인 상품이다.

　　한 조사에 따르면 우리 나라 소비자들은 6~7회의 정보 탐색 과정을 거친 후 자동차를 구입하는 것으로 나타나 있다. 광고, 동일한 차를 타는 사람들의 평가, 카탈로그, 영업사원과의 전화 통화 등이 대표적인 정보 탐색 과정이라고 할 수 있겠다. 소비자들은 통상 2~3명의 영업사원으로부터 견적을 받아보고 있으며 약 20퍼센트 내외의 고객들이 다른 회사의 견적도 받아보는 것으로 나타나고 있다.

이처럼 구입하기 전의 긴 탐색 과정과는 달리 소비자들은 자동차를 하루라도 빨리 인도 받기를 원한다. 조건에 별 차이가 없으면 차를 빨리 뽑아준다는 영업사원과 계약을 하기도 한다. 이런 점을 잘 아는 영업사원들은 계약 성사를 위해서 지키지도 못할 약속을 했다가 고객을 실망시키기도 한다. 계약 전에는 영업사원의 마음이 급하다. 빨리 계약서에 도장을 찍게 하기 위해서다. 계약이 끝난 이후에는 완전히 역전된다. 이제는 소비자들이 성급해진다. 근사한 새 차를 하루라도 빨리 뽑아서 시승(試乘)해보고 싶어하기 때문이다.

계약 전 장구한 사전 검토 기간을 까맣게 잊어버리고 계약하자마자 바로 차를 인도해 주기를 원하는 것은 인간 본성인 셈이다. 이러한 고객들의 요구에 맞추기 위해 자동차 메이커에서는 수요 예측에 의한 생산을 선호한다. 사전 예측에 따라 선호하는 칼라나 선택 사양이 적용된 차량 위주로 생산하는 것이다. 미리 재고를 확보한 후 판매를 하는 시스템이다.

소비자들은 기다리는 것을 싫어하기 때문에 차량 인도를 최대한 단축시켜 경쟁사보다 더 빨리 차를 인도해주는 것도 주요한 경쟁력의 원천이다. 더러 인기가 높은 차종은 재고 없이 판매되기도 한다. 하지만 이 경우에도 많이 생산되는 차량 위주로 계약할 수밖에 없다. 그래야 차를 빨리 받을 수 있기 때문이다.

고객들의 욕구가 다양해짐에 따라 수요 예측에 의해 생산된 차에 대해서 불만이 다수 제기되고 있다. 예를 들어 조수석 에어백을 구입하기 위해서는 전동식 선루프, 고급오디오, ABS 브레이크 등을 함께 구입하도록 선택사양이 구성된 것에 대한 불만 따위다. 고객은 조수석 에어백만 선택하고 싶은데 이렇게 생산된 차가 없기 때문이다. 메이커에서는 수요 예측에 의한 생산을 하는 입장이어서 모든 사양을 개별적으로 생산하기가 어렵다. 그래서 소비자들이 많이 찾는 선택사양 위주로 묶어서 적용하고 있다. 선택사양을 개별적으로 적용해서 차량을 생산할 경우 재고를 감당할 수 없으며 이에 따른 비용도 무시할 수 없다.

스타렉스의 사례를 통해서 개별적인 옵션 생산이 어느 정도 가능한지 살펴보자. 스타렉스에 적용되는 바디칼라는 8가지다. 엔진은 LPG와 디젤 2가지, 휠 베이스는 길이에 따라 2가지, 트랜스미션도 오토와 매뉴얼 2가지다. 인승별로는 3, 6, 7, 9, 11, 12인승 등 총 6가지이며 ABS, 운전석 에어백, 조수석 에어백, 선루프 등 선택사양이 약 20가지 정도 적용된다.

이러한 모든 사양을 각각 개별적으로 선택할 수 있도록 하려면 7680가지 경우의 수가 발생한다. 다양한 고객들의 입맛에 맞추면서 계약된 차량을 바로 인도해주기 위해서는 7680대의 차량을 항상 재고로 미리 확보해두어야 한다. 하지만 7680대의 차를 보관할 장소조차 마련할 수 없기 때문에 현실적으로 어렵다. 비용도 만만치 않다. 개별적인 사양을 모두 생산하기 위해서는 생산성이 떨어질 것이며 재고비용도 많이 든다. 이것은 결국 제품 가격의 인상으로 연결될 수밖에 없을 것이다.

수요 예측에 의한 생산은 이러한 개별 사양의 비용 문제와 소비자들의 특성을 고려해 현실적으로 선택된 대안으로 여겨진다. 그럼에도 불구하고 많은 고객들은 수요 예측에 의해 생산된 제품을 선택하도록 강요받는 것에 대해 분노를 느끼고 있다. 메이커에서는 선택사양 선호 추세를 분석하여 수요 예측에 반영한다. 이것은 소비자의 욕구에 맞추기 위한 나름대로의 전략인 셈이다.

2000년 10월 공정거래위원회에서 각 자동차 메이커에 시정 명령을 내린 적이 있다. 선택사양을 개별적으로 구성해 생산하지 않은 것은 위법이라는 내용이었다. 향후 개별적인 사양을 모두 생산해서 소비자들의 선택의 폭을 제한하지 말라는 취지였다.

가장 이상적인 자동차 생산 시스템은 주문에 의한 생산일 것이다. 주문에 의해서 생산할 경우 비용은 상승하고 기간이 많이 소요되지만 메이커 입장에서는 재고 부담을 줄일 수 있다. 주문을 받고 생산해서 바로 인도해주면 되기 때문이다.

하지만 소비자들은 계약하자마자 바로 차를 받기를 원하고 있다. 주문 생산은 이러한 소비자 특성과 충돌한다. 그래서 GM, 포드, 벤츠 등 세계적인 메이커들도 주문 생산이 좋다는 것은 알지만 어쩔 수 없이 많이 판매되는 사양 위주로 차량을 생산해놓고 고객을 기다리는 것이다. 공정위의 시정 명령은 이상적이기는 하나 현실적으로 지켜지기는 어렵다.

1980년대 중반까지만 해도 맞춤양복이 주류였다. 그러나 지금은 맞춤양복집을 찾기가 어렵다. 양복을 맞추기 위해서는 먼저 신체 치수를 측정해야 한다. 며칠 후 제대로 신행되고 있는지 확인하기 위해서 다시 양복점을 방문해야 한다. 즉 가봉(假縫)이라는 절차를 거친다. 또다시 며칠 후 완성된 양복을 찾으러 간다. 바쁜 현대생활에 번거롭기 그지없는 방식이기 때문에 경쟁력이 없어졌다. 이제 대다수의 사람들은 백화점에서 기성복을 구입한다. 사람들의 체형에 대한 정확한 통계 데이터를 바탕으로 미리 생산을 해서 고객을 기다리고 있다. 백화점 등에서 기성복을 구입할 때 치수가 맞지 않아 고생하는 경우는 별로 없다. 통계 데이터를 통해 양복의 사이즈를 정확히 맞추고 있기 때문이다.

　이처럼 수요 예측에 의한 생산이 꼭 나쁘다고 할 수도 없다. 소비자들이 많이 선호하는 제품 위주로 생산해서 기다리고 있는 기성복과 같은 시스템인 것이다. 정확한 판매 데이터와 소비자들의 선호 추세를 분석해서 계속 교정해 나갈 때 오히려 더 좋은 생산 제도가 될 수 있지 않을까 생각된다.

정책에 울고 웃는 LPG

레조(Rezzo)는 대우의 레저용 자동차다. 2000년 1월부터 시작하여 연말까지 6만 6766대가 판매되며 출시 첫해에 베스트셀러 자동차 대열에 합류했다. 레조는 부도 사태로 어려움을 겪고 있던 대우에 커다란 위안을 가져다 준 차종이었다.

기아의 카렌스(Carens) 역시 레조와 동일하게 7인승의 다목적 소형 미니밴이다. 카렌스도 출시된 이후 매월 만 대에 육박하는 파죽지세로 2000년 8만 4089대가 판매되었다. 뿐만 아니라 전 차종 중에서 판매 3위라는 위업을 달성하며 기아자동차에 상당한 수익을 안겨준 효자 차종이다.

레조와 카렌스의 판매가 많았던 이유는 7인승과 LPG 연료를 사용한다는 점일 것이다. 7인승은 승합으로 분류되어 자동차 세금이 승용차의 10분의 1에 불과한 연간 6만 5000원이다. 그리고 LPG 엔진은

대우의 레조는 정부의 LPG 가격 인상 정책으로 판매에 큰 타격을 입고 있다.

소음이 적고 연료비가 저렴했기 때문이다.

기아와 대우의 효자 차종으로 인기를 끌며 팔리던 카렌스와 레조의 판매가 2001년부터 크게 줄어들었다.

2001년 2월 판매대수를 보면 카렌스 2464대, 레조 2430대로 지난해 같은 시기의 4분의 1에 머물렀다. 판매량이 이렇게 줄어든 것은 정부에서 "LPG 가격을 단계적으로 올리고 있으며 향후에도 추가 인상하겠다"고 발표했기 때문이다.

LPG 엔진을 장착한 차량은 불편이 많다. 특히 충전소가 부족해서 여간 고생이 아니다. 비오는 늦은 밤에 강원도 시골의 국도에서 연료 경고등에 노란불이 들어오고 충전소도 보이지 않는 경험을 해본 사람은 LPG 차량을 구입하지 않을 것이다. 나아가 주변에서 LPG 차량을 구입하려는 사람이 있다면 적극적으로 반대할지도 모른다.

1400만~1500만 원대로 EF쏘나타 등 중형승용차 수준에 이르는 차량 가격도 큰 부담이었다.

그럼에도 불구하고 많은 사람들이 LPG 차량을 구입한 이유는 저렴한 연료비 때문이었다. 휘발유의 5분의 1에 불과한 연료비가 높은

한때 연간 판매대수 3위의 효자 차종이었던 기아의 카렌스 역시 LPG 가격 인상 정책의 피해자다.

차량 가격과 충전의 불편을 참을 수 있게 한 중요한 이유였다.

하지만 LPG 가격은 250원대에서 450원대로 인상되었으며 현재는 휘발유 가격의 2분의 1 수준에 근접하고 있다. LPG는 휘발유에 비해 연비가 2분의 1 이하이기 때문에 이미 유지비 측면에서는 더 이상 장점이 없어졌다. 그래서 소비자들은 카렌스, 레조 등 LPG 차량의 구매를 꺼리게 되었고 이것이 판매 감소로 나타난 것이다.

정부의 LPG 가격 인상 정책으로 인해서 대우와 기아에서는 판매에 큰 타격을 입고 있다. 레조와 카렌스는 LPG 차량의 판매 비율이 거의 100퍼센트였으며, 가솔린 차량의 판매는 미미했기 때문이다. 기아와 대우에서는 LPG 엔진을 장착한 차량의 판매 확대를 위해서 동분서주하고 있지만 효과를 보지 못하고 있다.

현대자동차처럼 판매 차종이 다양한 것도 아니고 정책 변화를 미리 예견해 디젤엔진을 개발해 놓았던 것도 아니기 때문이다.

정부의 단계적 LPG 가격 인상 정책은 기존 구입자들에게도 영향을 미치고 있다. 저렴한 유지비 때문에 LPG 차량을 구입한 사람들이 후회하고 있는 것이다. 중고차 가격은 떨어지고 충전소도 더 이상 늘

싼타페는 LPG 가격 인상 정책 이후에도 신속한 디젤 엔진의 탑재로 판매가 계속 늘어나는 차종이다.

어나지 않아 불편함이 증가할 것으로 예상되고 있다.

쏘나타나 아반떼 급 보유자들이 차를 바꾸면서 유지비가 저렴하다는 이유로 카렌스 등의 레저용 자동차로 많이 이전했다. 카렌스나 레조를 구입한 소비자들의 절대다수가 이들 중형급 이하 승용차에서 넘어온 것으로 여러 조사 결과에서 확인되었다. 그런데 이번에는 LPG 가격이 상승하고 경제가 어려워지자 반대로 아반떼 이하 급의 판매가 급증하고 있다. 차량 가격, 연료비, 연비 효율, 충전의 불편함 등을 고려할 때 휘발유 차량이 유리하기 때문이다. 아반떼XD는 계약 후 2개월 이상 기다려야 할 정도로 사람들이 몰리고 있다.

싼타페는 현대에서 자체 기술로 개발한 첫 번째 SUV 차량이다. 기존 4륜구동 지프와는 달리 승용형 스타일에 근육질 바디가 이국적이다. 싼타페도 2000년 7월 출시된 이후 LPG 차량의 경제성을 이유로 판매가 크게 증가했다. 물론 독특하고 개성적인 스타일에 매료되어 구입한 소비자들이 많을 것이다. 그렇지만 LPG 연료의 경제성도 무시하지 못했다. 그런데 고가격의 싼타페는 2001년 들어서도 판매가 계속 늘어나고 있다. 차량을 인도 받기 위해서는 3개월 이상을 대기해야 한다. LPG 가격이 본격적으로 인상되는 시점에 디젤엔진을 새로 탑재했기 때문이다.

기존 디젤과는 달리 싼타페에 탑재된 승용형 디젤엔진은 조용하고 매연이 없는 것이 특징이며 연비가 좋다고 한다. 현대에서는 디젤엔진을 탑재한 차량의 판매가 크게 늘어나고 있는 서유럽 시장을 겨냥해 승용형 디젤엔진을 진작부터 개발하고 있었다. 물론 국내에서의 연료 가격 체계 변화를 염두에 두고 LPG 엔진을 대체해야 할 필요성도 느껴서 개발을 서둘렀던 것이다.

기아의 카니발과 현대의 트라제, 스타렉스 등은 정부의 에너지 가격 정책 변화와 관계없이 판매가 꾸준하다. 이들 모델들은 LPG엔진과 디젤엔진을 모두 선택할 수 있기 때문이다. 이 모델들의 판매 비율을 통해 정책 변화에 따른 수요 이동을 정확하게 엿볼 수 있다. LPG차량의 저렴한 유지비가 크게 부각되었던 1999년 하반기부터 지난해 중반까지는 LPG 비율이 60~70퍼센트 수준에 육박했으나, 최근에는 디젤 비중이 90퍼센트에 이르고 있기 때문이다. 정책 변화가 심하고 일관성이 부족한 한국적인 현실에서 LPG와 디젤엔진을 동시에 보유하고 있다는 것은 마케팅의 관점에서 큰 장점이라고 하겠다.

자동차 메이커에서는 한번 개발해낸 엔진을 통상 10년 이상 사용한다. 막대한 비용을 투입하여 개발하기 때문이다. 그리고 향후 10년 정도의 추세를 고려해서 엔진의 성능을 결정하고 그것을 개발 과정에 반영한다. 당연히 정책의 변화도 고려한다.

하지만 최근 국내에서 벌어지고 있는 정책 변화는 자동차 메이커들을 당황하게 만들기 일쑤다. 마케팅 차원에서는 근본적으로 대응

할 수 없는 경우가 빈번하게 발생하고 있다. LPG 가격 정책이 대표적이라고 할 수 있다. LPG 차량 쪽으로 수요가 몰리자 LPG 가격을 올려 버려 메이커들을 황당하게 만들어버린 것이다.

정책 변화를 염두에 두고 디젤엔진을 개발한 현대는 큰 어려움 없이 넘기고 있으나 대우와 기아는 판매 부진에 고전하고 있다. 뿐만 아니라 차량을 개발하기 위해서 투자한 막대한 비용은 물거품이 되어 버렸으며 새로운 디젤엔진을 개발하기에는 추가적인 시간, 비용이 요구되어 기아와 대우에 어려움을 더해주고 있다.

이처럼 정부의 정책 변화는 자동차 메이커, 소비자 등 자동차산업 전반에 큰 영향을 미친다. 마케팅 부서에서는 정부의 정책 변화를 면밀히 주시해야 한다. 특히 신차나 엔진, 관련 부품의 개발에 많은 비용과 기간이 소요되는 자동차산업의 특수성을 고려할 때 정부의 정책에 대한 고려가 더욱 필요한 것으로 생각된다.

국가경제와 자동차 마케팅

자동차산업은 기술 집약적이자 자본 집약적 산업이다. 엔진 및 동력 시스템, 차체 및 샤시 시스템에 대한 누적된 기술이 필요하다. 원천적인 기술도 필요하지만 생산라인에서 대량으로 만드는 현장 기술, 즉 생산 기술도 핵심적인 요소다. 그래서 미국, 독일, 일본 등 일부 선진국가를 제외하고는 한국과 같이 독자 모델의 엔진과 자동차를 생산하는 나라는 없다.

하나의 자동차 모델을 개발하기 위해서는 통상 4~5년에서 길게는 7년이 소요되고 수천 억 원의 돈이 들어간다. 심혈을 기울여 개발한 제품 하나가 성공하지 못하면 쉽게 무너지는 것이 자동차 메이커다. 미국의 크라이슬러가 대표적인 사례라고 할 수 있다.

또한 자동차산업은 대규모 설비와 노동력을 필요로 하는 노동 집약적 산업이다. 로봇이 인간의 노동력을 대신해서 자동차 조립에 투입된 지 오래되었지만 작업자가 직접 조립할 수밖에 없는 부분이 많기 때문에 대량 노동력을 필요로 한다.

위와 같은 산업적인 특성으로 말미암아 자동차산업은 대부분의 국가에서 핵심적인 역할을 차지하고 있다.

미국과 일본의 경우에도 10개의 일자리 중 1개는 자동차산업과 관련된 것이라는 통계도 있다. 1980년대 후반에서 1990년대 초반까지 일본 자동차산업에 뒤쳐진 미국이 전 국가적으로 자동차산업의 부흥에 힘쓴 이유도 여기에 있다. 당시에는 "미국 최대의 자동차 메이커인 GM에게 이득이 되면 미국에게도 이익이 된다"라는 TV 광고까지 있었다. 무역대표부 등 전 미국이 자동차산업의 재생에 매달린 결과 1990년대 후반부터 일본을 따라잡기에 이르렀다.

도산에 빠진 르노자동차를 프랑스 정부가 국영화하면서까지 뒷받침한 것도 자동차산업의 중요성을 인식했기 때문이다.

산업혁명의 찬란한 역사를 가지고 있는 영국에서 제조업이 몰락한 것은 자동차산업의 붕괴와 무관하지 않다는 지적이 많다. 오늘날 영국에는 자국이 소유하고 있는 자동차 메이커가 하나도 없다.

세계 각국에서 자동차산업에 집착하고 있는 이유는 국가경제에서 차지하는 비중이 무시할 수 없기 때문이다. 자동차산업은 한 국가의 경제력과 기술 수준을 대표할 뿐만 아니라 산업 구조의 고도화와 경제 성장에 결정적인 역할을 하는 국민경제의 주도적인 산업으로 인식되고 있다. 자동차산업은 2만여 개의 부품으로 구성되는 대표적인 종합기계산업이며 전후방 파급 효과가 커 철강, 기계, 전자, 전기, 소재, 고무, 목재 등 관련 산업의 발전을 선도하는 산업이다. 유통 단계에서도 금융업, 광고업, 중고차 판매업과 긴밀한 관계를 가지고 있을 뿐만 아니라 정비, 유류 판매, 도로 건설업 등 이용 단계에서도 폭넓은 연관성을 가지고 있다. 이에 따라 우리 나라 전체 고용 인력의 약 10퍼센트인 170여만 명이 자동차산업과 관련된 업종에서 일자리를 얻고 있는 것으로 나타나고 있다.

우리 나라의 경우 지난 1998년도 기준으로 전체 제조업 생산액의 10.2퍼센트를 자동차가 차지했다. 1999년에 정부에서 거둬들인 조세는 94조 2442억 원이었으며 이중에 자동차와 관련하여 걷힌 세금은 16조 4028억 원으로 17.4퍼센트를 차지하여 절대적인 위치를 점유하고 있다. 무역 수지 측면에서도 1999년 기준으로 약 112억 달러를 수출해 두 번째로 많은 수출액수를 기록했으며 수입은 2억 달러에 불과해 약 110억 달러에 이르는 흑자를 기록했다. 전체 수출액에서 차지하는 비중도 7.8퍼센트에 이르렀다. 2000년에 수출된 국산 자동차는 약 170만 대였으며 지금 이 시간에도 세계 각국의 도로를 주행하며 한국의 이미지를 심고 있는 것이다.

자동차산업의 이처럼 중요한 국가경제적인 위치를 고려한다면 전 국가적으로 자동차산업의 발전을 위해서 지원해야 한다. 하지만 우리 나라는 이상하다. 환경부에서, 건교부에서 규제를 통해 자신들의 입지를 강화하려는 듯 자동차 메이커를 대상으로 다양한 규제를 지속적으로 만들어내고 있다.

예를 들어 디젤 기술의 원조라고 할 수 있는 벤츠나 프랑스의 르노 자동차도 맞출 수 없는 환경 규제를 강행하고 있다. 생산의 효율성과 원가절감을 위해서 선진국 메이커에서는 동일한 베이스로 다양한 차량을 만들어내고 있지만 우리는 한 가지 차종에 한 가지 제품만 만들어내기를 강요한다.

이를테면 현대의 싼타페는 7인승밖에 없다. 5인승을 판매하려고 해도 허가를 해주지 않는다. 5인승을 구입한 사람이 세금 차이 때문에 개조할 가능성이 있다는 것이다. 5인승과 7인승을 선택할 수 있을 때 그것은 소비자가 결정할 문제다. 그런데 건교부에서는 세금 구조의 문제점은 개정할 생각도 하지 않고 자동차 메이커에 규제의 칼날만 들이대고 있다. 이외에도 정부에서 추진중인 규제 정책은 수없이 많다. 물론 자동차 메이커에는 부담으로 작용하지만 소비자들에게 득이 되는 규제 정책도 많다. 하지만 이러한 규제와 더불어 자동차 메이커의 성장을 가로막는 규제도 수없이 많다.

신입사원이던 1990년대 초반에 독일로 출장을 갔을 때 독일의 프랑크푸르트에서 만하임으로 연결되는 아우토반을 통해 이동하는 중에 'H' 로고가 선명한 엑센트를 만난 적이 있었다. 지금은 많은 국산차가 수출되어 세계 곳곳에서 한국 차를 쉽게 목격할 수 있지만 그 당시만 하더라도 흔하지 않았다. 엑센트를 보는 순간 자동차 메이커에 몸담고 있다는 사실을 참으로 가슴 뿌듯하게 느낄 수 있었다.

TV, 냉장고, 반도체 등의 가전제품을 수출하여 달러를 벌어들이는 일도 참으로 좋기는 하지만 자동차처럼 그 나라의 구석구석을 누비고 다니는 게 아니라 보이지 않는 가정집 거실에 고이 모셔질 뿐이다. 수출되는 자동차는 세계의 구석구석을 누비며 국위를 선양하는 데는 가장 확실한 국가대표선수인 셈이다.

9

리베로 개발 사례와 자동차 마케팅 프로세스

암중모색

이탈리아어인 '리베로(Libero)'는 영어의 free와 같은 의미를 가지고 있다. "자유롭다", "자유자재로 움직인다"라는 뜻이다. 리베로는 축구에서 자주 등장하는 용어로서, 특정 포지션 없이 자유자재로 움직이다가 결정적인 순간에 찬스를 만들어 주거나 자신이 직접 골을 집어넣는 선수를 리베로라고 한다. 말하자면 게임 메이커, 승리를 만드는 주역을 리베로라고 할 수 있을 것이다.

리베로는 현대에서 개발한 신형 1톤 트럭의 이름이기도 하다. 리베로는 기존 트럭과 완전히 차별화 되는 모델이다.

일반 승용차들은 엔진이 본닛(bonnet) 밑에 있지만 포터나 봉고 같은 기존 1톤 트럭들은 엔진이 운전석 시트 아래쪽에 있다. 1톤 트럭 운전자나 탑승자들은 엔진 위에 올라앉아 있는 셈이다. 엔진을 보관하는 별도의 돌출 공간이 없어 불필요한 부분을 최소화한 스타일

리베로는 안전하고 승차감이 좋은 1톤 트럭 수요층을 겨냥하여 개발에 착수한 차종이다.

이라고 할 수 있다. 승용차의 경우에도 시트 아래쪽으로 엔진이 들어오면 차량의 길이와 무게를 많이 줄일 수 있고 뒤쪽 공간을 더 늘릴 수도 있을 것이다. 포터나 봉고 같은 1톤 트럭들은 이러한 점을 중요시한 결과라고 할 수 있다. 불필요한 엔진 공간을 줄여서 짐을 싣는 적재 공간을 늘린 스타일이 기존의 1톤 트럭인 것이다.

그러나 이러한 트럭 스타일에서 오는 불편함도 무시할 수 없기 때문에 승용차들은 본닛이 앞에 있다고 할 수 있다. 포터나 봉고처럼 엔진룸이 없어서 느끼게 되는 불편함은 크게 네 가지로 요약된다.

첫째, 돌출한 본닛이 없어 사고가 났을 때 충격을 막아줄 수 있는 안전 공간이 없다. 그래서 사고가 발생하면 탑승자가 치명적인 손상을 입을 수 있다.

둘째, 타이어와 엔진 위에 운전자가 타고 앉아 있기 때문에 승차감이 나쁠 수밖에 없다. 타이어와 엔진룸에서 발생한 진동이 시트로

리베로를 '스타렉스 베이스의 트럭'으로 결정하게 된 것은 숱한 마케팅 조사를 거친 결과다.

바로 전달되기 때문이다.

셋째, 승차 공간이 엔진 위에 있어 엔진의 소음과 열이 실내로 바로 유입된다. 따라서 실내는 시끄럽고 여름철에 에어컨을 가동시켜도 효과가 떨어지는 단점이 있다.

넷째, 엔진 위에 시트가 놓여지는 구조이기 때문에 고속주행 시나 커브 길에서 방향 전환을 할 때 주행 안정감이 떨어질 수 있다. 좌석이 높아 전방을 바라보는 시야는 좋으나 무게 중심도 높아서 주행 안정성이 떨어질 수밖에 없는 것이다.

포터나 봉고 트럭의 주요 수요층은 우리 주변에서 흔히 보듯이 자영업에 종사하고 있는 사람들이다. 슈퍼, 철공소, 전자대리점, 유리가게, 신문보급소, 채소가게, 비닐하우스 농업 등 종사하는 업종은 다양해도 중소규모의 자영업이 절대다수라고 할 수 있다. 이들은 동네 골목길을 종횡무진 누비며 물건을 실어 나르고 배달하는 용도로 1

톤 트럭을 사용한다. 그래서 기동성과 경제적인 가격, 유지비를 중요시한다. 그렇기 때문에 본닛이 없는 스타일로 안전성이 떨어지고 많은 불편함이 따르지만 용도상 어쩔 수 없이 포터나 봉고를 운행하는 것이다. 이들을 대체할 모델이 없다는 결정적인 요인도 있지만 2600~3000cc 디젤엔진을 탑재한 1톤 트럭의 판매가격이 700만~800만 원대로 소형승용차인 베르나, 리오와 거의 동일하다는 것도 큰 장점이다. 이러한 특성을 가진 1톤 트럭의 국내 판매대수는 약 17만 대로 쏘나타 급의 중형승용차에 이어 두 번째의 시장 규모로 무시할 수 없는 크기라고 할 수 있다.

그런데 소득이 증대하고 안전에 대한 관심이 높아지면서 1톤 트럭에 대한 고객들의 욕구가 변화하기 시작했다. 이런 변화에 결정적인 영향을 미친 것은 스타렉스의 출현이었다.

1톤 트럭이 화물을 운송하기 위한 것이라면 미니버스는 사람을 이동시키는 차량이다. 일반적으로 1톤 트럭과 미니버스는 같은 플랫폼으로 개발하는 것이 관례였다.

예를 들어 일본의 토요타나 유럽의 벤츠, 폭스바겐 등 많은 선진 메이커들이 1톤 트럭과 미니버스를 같은 뼈대를 이용해서 개발하고 있다. 현대의 미니버스 그레이스와 1톤 트럭인 포터도 공용으로 사용되는 부분이 많다. 이러한 경향을 잘 알고 있는 소비자들은 그레이스보다 고급의 스타렉스가 등장했으므로 포터보다 상급의 1톤 트럭이 나오기를 기대했다. 그레이스도 앞서 지적했듯이 안전 공간인 본닛이 없고 엔진이 실내에 있어 많은 불편이 있었다.

현대에서는 이러한 시장 기회를 포착하고 1992년부터 고민하던 끝에 스타렉스를 개발해서 1997년 초에 출시하게 되었다. 스타렉스는 미니버스 및 경제성을 중시하는 일부 RV 수요층에게 크기 어필하고 있다. 뿐만 아니라 스타렉스는 출시 후 큰 인기를 얻어 베스트셀러 모델이 되었으며 현재까지 적지 않은 판매대수로 현대에 엄청난 수익을 안겨주고 있다. 스타렉스가 출시되기 전 미니버스 시장은 현대 그레이스 40퍼센트, 기아 프레지오 35퍼센트, 쌍용 이스타나 25퍼센트로 3분할되고 있었다. 스타렉스가 출시된 이후 시장 구조는 스타렉스 55퍼센트, 그레이스 20퍼센트, 프레지오 10퍼센트, 이스타나 15퍼센트로 크게 변화하였다.

스타렉스가 압도적인 시장 점유율을 기록하며 성공하고 있는 것은 기존 미니버스 시장의 경쟁 포인트를 바꿔버렸기 때문이다. 즉 새로운 스타일링과 안전성, 편의성을 토대로 한 단계 높은 고급 브랜드 미니버스 시장을 창출한 결과라고 평가할 수 있을 것이다.

스타렉스 출시 후 1톤 트럭 수요층들은 스타렉스와 같이 안전하고 승차감이 좋은 차량의 개발을 요구하기 시작했다. 일부 성급한 소비자들은 스타렉스 트럭이 언제 출시되느냐고 전화로 문의해 오기도 했다. 소득이 늘어나고 안전에 대한 관심이 증대하여 봉고나 포터와 다른 트럭을 구입하고자 해도 대체 상품이 없었기 때문이다. 오직 포터나 봉고밖에 없어 선택에 제약이 있었다. 소득이 늘어 고급의 안전 트럭을 구입하고자 해도 불가능했던 것이다.

스타렉스 출시에 따른 미니버스 시장의 재편 및 1톤 트럭 수요층의 이러한 요구는 메이커에게도 많은 숙제를 던졌다. 미니버스 시장을 스타렉스가 재편하듯이 1톤 트럭 시장을 전혀 다른 시장 기회로 변화시킬 수 없을까 하고 고민하게 만들었던 것이다.

현대자동차는 스타렉스가 출시되기 전인 1994~95년부터 스타렉스의 골격을 이용한 1톤 트럭 개발을 고려하기 시작했다. 승객을 이동시키는 미니버스와 화물을 수송하는 1톤 트럭 고객들의 욕구는 다르다는 점이 고민의 핵심이었다.

스타렉스는 안전 공간인 엔진룸이 승용차와 거의 같은 크기다. 그래서 안전성은 증대되었지만 미니버스에 없는 엔진 공간이 별도로 크게 돌출이 되어 있다. 이 때문에 승객 공간 측면에서는 이전의 미니버스에 비해서 불리할 수밖에 없었고 이것을 만회하기 위해서는 차량 길이가 길어질 수밖에 없었다.

이것을 1톤 트럭에 적용할 경우, 화물을 싣는 적재 공간이 짧아진다는 것을 의미했고 충분한 적재 공간의 확보를 위해서는 길이가 길어져 기동성 측면에서 불리해진다는 것을 뜻했다. 그리고 좁은 골목길을 누비는 국내의 1톤 트럭은 차량의 폭이 1700밀리미터 내외지만 스타렉스는 1820밀리미터여서 좁은 길에서의 기동성 문제가 부담이 되었다.

현대에서는 스타렉스보다 안전 공간, 즉 본닛의 길이는 줄이고 적재 공간을 늘린 새로운 1톤을 개발할 것인지, 아니면 적재 공간 및 기동성에 일부 손해가 있더라도 스타렉스를 그대로 활용할 것인지 두 가지 방안에 대해서 많은 조사를 실시했다. 1995년부터 수 차례에 걸쳐 다양한 우편조사, 면접조사, 실차 반응 조사 등을 거쳤다.

그 결과 문제는 두 가지로 좁혀졌다. 1톤 트럭은 적재함을 중요시하기 때문에 충분한 적재함이 확보되어야 하는데 스타렉스 베이스의 트럭을 개발하면 한계가 있다는 것이 첫째였다. 둘째는 안전 공간인 엔진룸의 크기를 조금 줄이고 적재공간을 늘린 새로운 1톤 트럭을 개발하기 위해서는 많은 투자비가 소요되어 가격 상승이 불가피하다는 점이었다. 두 가지 문제점 모두 스타렉스 개발을 검토하던 초기에 스타렉스 베이스의 트럭 개발을 고려하지 않아서 파생된 결과였다.

적재함 길이와 투자비 사이에서 고민하던 현대는 스타렉스 베이스로 만든 1톤 트럭의 수용도를 알아보기 위해 집단 면접, 실차 반응 조사 등을 또다시 실시했다. 현대에서 신차를 개발하면서 리베로만큼 많은 조사를 실시한 사례는 없었다고 한다. 그만큼 자신이 없는 프로젝트였으며 여러 가지 제약 조건 내에서 정확한 의사 결정을 하기 위한 노력의 일환이었다.

이러한 조사에서 스타렉스 베이스의 트럭이 국내 소비자들에게 어느 정도 수용될 수 있다는 가능성을 포착하게 되었다. 조사에 참석한 사람들이 스타렉스 베이스 트럭의 안전성, 승용 감각, 넓은 실내 공간 및 편의성 등에 대해 호의적인 반응을 나타냈기 때문이다.

그런 가운데 1톤 트럭은 과거 현대와 기아가 엄청난 경쟁을 하면서 저가 정책을 유지했기 때문에 가격 탄력성이 높다는 점과 좁은 골목길 기동성은 우려 사항으로 지적되었다.

애물단지

　　스타렉스의 앞부분을 이용한 1톤 트럭에 대한 소비자들의 반응이 의외로 높게 나오자 현대에서는 이 차량을 개발하기로 결정했다. 기아와 대우에서도 비슷한 컨셉의 트럭을 출시할 것이라는 정보가 입수되어 프로젝트 추진을 서둘렀다. 새로 개발할 트럭의 프로젝트명은 SR로 결정되었다. SR은 Superior Runner의 약자로서 기존 차량과 차별화 되는 뛰어난 1톤 트럭이라는 의미를 담고 있었다.
　　그럴 즈음 사내의 여러 곳에서 SR 개발에 대한 반대의 목소리가 적지 않게 제시되었다. 엔진 및 운전 공간인 캡(cab)이 너무 크고 적재함이 짧다는 점과 차량의 폭이 너무 넓어 국내 도로 여건에 맞지 않는다는 주장이었다. 또한 1톤 수요층의 포터, 봉고 트럭에 대한 집착이 강해 스타렉스와는 달리 SR 트럭이 성공하기 어렵다는 지적도 많았다. 사람을 나르는 미니버스와 화물을 수송하는 트럭은 근본적으로 다르다는 것이었다.

이러한 반대 의견이 최고 경영층에 보고되는 과정에서 개발이 취소되기 직전까지 갔으며, 이로 인해 프로젝트가 6개월 가량 지연되는 사건도 있었다. 하지만 스타렉스 베이스 트럭에 대한 소비자들의 호의적인 반응을 무시할 수 없었고, 다른 뾰족한 대안도 없었다. 따라서 예정대로 추진하되 투자비를 최대한 줄인다는 목표로 SR 개발을 진행시키기로 결정했다.

마케팅 부문에서는 새로 개발할 트럭의 목표 가격을 1톤 트럭 수요층의 높은 가격 탄력성을 고려해 기존 1톤 트럭 대비 100만 원 높은 가격으로 잡았다. 당시 포터의 가격이 744만 원이었기 때문에 새로운 트럭의 목표 판매가격은 844만 원으로 결정되었다. 엔진은 포터와 동일한 2600cc급 디젤엔진을 장착하기로 했다.

스타렉스의 판매 가격이 그레이스보다 약 200만 원 고가라는 것과 비교할 때 목표 판매 가격이 낮다는 지적도 있었다. 그러나 스타렉스 수요층과 소규모 자영업 종사자들이 주축인 1톤 트럭 수요층의 가격 탄력성 차이가 크기 때문에 SR의 가격이 무작정 높아지는 것은 바람직하지 않았다.

SR 트럭은 엔진룸이 길어서 최소한의 적재 공간을 확보하기 위해 어쩔 수없이 차량 전체 길이가 늘어나고 차체의 폭도 넓어져 전체적으로 차의 중량이 포터보다 약 200킬로그램이 무거워지게 되었다. 이로 인해 포터와 동일한 엔진을 사용할 경우 언덕길을 오르는 등판 능력과 출발 성능 등 주행에 문제가 될 수 있다는 시험 결과가 연구소에서 제시되었다. 연구소에서는 포터 엔진보다 성능이 좋은 터보인터쿨러 엔진이 장착되지 않으면 판매 후 소비자들이 불만을 제기

리베로는 강화된 품질기준을 충족시키기 위해 출시 일정이 지연되는 등 우여곡절을 겪었다.

할 수 있다는 주장이었다.

이러한 이유로 포터 엔진보다 가격이 약 100만 원 비싼 터보인터쿨러 엔진이 장착되어 엔진 성능은 좋아지게 되었지만, 예상 판매 가격이 포터보다 약 200만 원 높아지게 되었다. 마케팅 부분에서는 판매 가격이 높아지는 점이 적잖이 부담되었으나 어쩔 수 없는 상황이었다.

SR의 상품 수준을 높이려는 마케팅부서의 노력도 많은 반대에 봉착했다. 원가 기준을 충족하기 위해서는 어쩔 수 없는 상황이었으나 연구소의 비협조도 보탬이 되었다. 어차피 고급 트럭이라고 하지만 화물을 싣고 다니는 차량인 만큼 최소한의 비용을 들이자는 논리였다. 그래서 포터에 적용되는 리어 램프(rear lamp)나 리어 범퍼(rear bumper) 등을 SR에도 그대로 옮겨다 놓자는 주장을 펼쳤다. 부품을 공용으로 사용하게 되면 투자비 등 비용이 절감된다는 이유였다.

마케팅 부문에서는 차별화 차원에서 반대했다. 아반떼XD에 베르나의 리어 램프를 그대로 장착하자는 것과 같은 주장을 수용하라는 것은 억지에 가까웠기 때문이다. 연구소의 주장을 수용하지 않고 리어 램프 등을 포터와 차별화 한 것이 다행이었다는 지적이 그 후에 연구소 내부에서 나오기도 했다.

1999년 하반기부터 SR 트럭에 대한 판매 준비가 본격적으로 시작되었다. 그런데 트라제가 출시된 이후 점화 코일에 문제를 일으켜 리콜을 실시하는 등 품질 문제가 커다란 현안으로 떠올랐다. 안티트라제(Anti-Trajet)라는 인터넷 사이트가 생겨나는 등 소비자들의 자동차 품질에 대한 관심도 부쩍 높아졌다.

이런 영향으로 현대자동차에 품질본부가 생겨나게 되었고 이전과 다른 새로운 품질 기준과 제도가 만들어졌다. SR 트럭에 대해서도 철저한 사전 시험과 점검이 다시 시행되었으며 강화된 품질 기준을 충족시키기 위해서 출시 일정이 지연되는 등 우여곡절이 있었다.

판매를 앞두고 차명을 결정해야 하는 시점이 다가왔다. 상표로 등록되어 있는 차명과 사내 직원들을 대상으로 한 공모를 통해서 약 500여 개의 후보 차명이 나왔다. 기존 포터와 다른 차별화 된 이미지를 줄 수 있고 한글로 2~3글자이며 1톤 트럭 고객들이 쉽게 부를 수 있어야 한다는 선정 기준이 설정되었다. 그리고 SR 트럭이 기존 1톤 트럭과 스타일링이 근본적으로 다르고 고급 트럭이라는 기준에 부합되어야 한다는 점을 배경으로 여러 과정의 모니터링을 거쳐 10여 개의 후보 차명이 결정되었다.

리베로(Libero), 네오스타(Neosta), 스타로드(Staroad), 마이칸(Mikhan), 네트로(Netro), 미래로(Mirero) 등 10개의 후보작 중 리

베로와 네오스타가 마지막으로 최고 경영층에 보고되었다. 경영층에서는 2002년 월드컵을 앞두고 현대가 월드컵 공식 스폰서로 참여하게 되었고 축구 붐을 이용해 판매도 활성화시킬 수 있다는 의견을 반영해 SR 트럭의 차명을 '리베로'로 결정하게 되었다. 축구에서 게임 메이커를 리베로라고 부르는 것과 같이 국내 1톤 트럭 시장을 스타렉스처럼 재편해 주기를 기대하는 염원이 담긴 차명이었다.

리베로가 차명으로 결정된 후 얼마 되지 않아 차명을 둘러싼 해프닝이 벌어졌다. 인터넷 바람을 타고 웹사이트에서 자동차를 판매하는 사이트가 우후죽순으로 생겨나게 되었고 그중 하나가 리베로(Libero.co.kr)였다. 나중에 알게 되었지만 리베로 사이트를 운영하는 회사에서는 현대에서 리베로라는 차량을 개발하기 때문에 오히려 홍보 효과가 배가될 것이라며 즐거워했다고 한다. 리베로 신제품 차량이 발표되기도 전에 인터넷 사이트에서 리베로라는 명칭을 사용하게 되자 자존심이 상한 현대와는 입장이 달랐다.

리베로라는 차명은 현대에서 오래 전에 이미 등록해 놓은 상표명이었다. 이를 근거로 리베로 사이트의 명칭 변경을 요구하는 것을 검토했지만, 자동차 상표명과 인터넷 사이트는 별도의 상표 영역이기 때문에 리베로 사이트 명칭에 하자가 없다는 유권 해석이 나왔다. 신차가 나오기 전에 모든 상표 영역에 걸쳐 등록을 하게 된 것도 이 사건이 만든 새로운 변화였다. 리베로 차명과 인터넷 사이트를 둘러싼 해프닝은 이렇게 끝이 났다.

그렇게 하는 사이 리베로 가격은 동급의 포터 대비 약 262만 원이나 비싼 것으로 변경되었다. 엔진이 바뀌고 품질 기준이 강화되는 등 많은 부품이 추가되고 개선되면서 출발 시점의 100만 원 고가라는 전략은 잊혀졌다. IMF로 수익을 내지 못하는 기업이 죄악시되는 분위기에서 불가피하게 수익성도 고려되어 리베로의 주력 모델 가격은 1036만 원으로 결정되었다. 동급의 포터 가격은 774만 원으로 베르나 수준이었으나 리베로는 아반떼XD급이었다.

마케팅 부서에서는 높은 가격이 부담은 되었으나 받아들일 수밖에 없었다. 2000년 한 해 동안 포터의 판매 목표는 7만 5000대였으며 리베로는 3만 5000대로 잡혀 있었다. 리베로의 높은 가격 때문에 판매 목표 달성에 어려움이 클 것이라는 판매 현장의 우려하는 목소리가 더욱 커지고 있었다.

2000년 3월 6일은 리베로가 공식적으로 데뷔한 날이었다. 1톤 트럭 고객들의 통행이 많고 다수의 사람들에게 노출시킬 수 있다는 장점이 적극 고려되어 패션 전문상가로 탈바꿈한 동대문 두타빌딩이 신차 발표 장소로 선정되었다. 발표 시간도 두타 빌딩에 가장 많은 사람이 몰리는 저녁 10시로 결정되었다.

쌀쌀하고 바람이 많은 초봄 저녁 날씨임에도 불구하고 많은 사람들이 참석한 가운데 리베로의 신차 발표회는 성황리에 끝이 났다. 현장을 찾아가는 이색 신차 발표회라는 기사와 함께 다음날 신문에서는 리베로의 등장을 알리고 있었다.

새로운 자동차가 출시되면 첫날의 계약대수에 많은 관심을 가지게 된다. 첫날 계약대수가 시장의 반응을 가늠하는 중요한 지표가 되기 때문이다. 물론 첫날 계약대수가 많다고 해서 그 차량이 반드시 성공한다는 것은 아니다.

예를 들어 아토스와 트라제의 경우 계약 첫날 사상 최대의 계약인 1만 5000대 이상을 달성했지만 현재는 초기의 기록적인 계약대수만큼 소비자들로부터 크게 인정받지 못하고 있기 때문이다. 리베로의 판매 목표 달성이 어려울 것이라는 현장의 목소리가 커지고 있어 리베로의 첫날 계약대수에 대해서도 많은 관심이 쏟아졌다. 계약 첫날 초조한 기다림이 하루종일 이어졌으나 기대와는 달리 계약은 141대라는 저조한 수준으로 끝이 났다.

첫날의 계약을 보고 판매 부문의 실망은 이만저만이 아니었다. 벌써부터 리베로는 실패라는 목소리가 적지 않게 흘러나오고 있었다. 저조한 계약으로 출발한 리베로는 2000년 한 해 동안 1만 1567대가 판매되어 목표의 3분의 1에 불과한 실적으로 마감되었다. 같은 기간 동안 포터는 8만 4918대가 판매되어 EF쏘나타에 이어 국내 제2위의 베스트셀러 모델이 되었다.

기대와 달리 판매가 부진하자 마르샤, 아토스와 함께 리베로는 현대자동차의 3대 실패 차종이라는 지적이 내부에서도 흘러나오기 시작했다. 스타렉스를 이용한 트럭으로서 근본적인 한계를 안고 태어나 당연한 결과라는 비난도 쏟아졌다. 인터넷 및 PC통신에서는 "공포의 생선대가리"라며 리베로의 스타일에 대한 유머가 올라오기도 했다. 여하튼 리베로가 출시되면 스타렉스와 같이 기존 1톤 트럭 시장을 재편할 것이라는 마케팅부서의 막연한 기대는 보기 좋게 물거품이 되고 말았다.

실낱 희망

리베로의 판매가 부진한 이유는 대략 다음 5가지로 정리되고 있다.

첫째, 기존 1톤 트럭 수요층의 지불 한도를 넘어서는, 지나치게 높은 가격이라는 점이다. 리베로는 포터나 봉고와 비교할 때 가격이 약 243만~262만 원이나 높아 이들 수요층의 지불 능력을 초과하기 때문이다. 이것은 경제적인 지불 능력과 함께 1톤 트럭에 대한 최대 지불의도 가격보다 높은 것으로 추정된다.

둘째, 화물을 적재한 상태로 골목길을 빈번하게 통행하는 절대 다수의 국내 1톤 트럭 이용자들에게는 차량의 폭이 너무 넓고 적재함이 짧다는 점이다. 이것은 개발 과정에서도 제기된 문제점으로 미리 예견된 것이었지만 현장에서는 더욱 크게 작용하고 있었다. 동대문, 남대문 시장이나 동네의 골목시장을 마음대로 지나다닐 수 있어야 하는데 리베로는 한계가 있다는 것이다. 그리고 엔진룸이 앞으로 나가면서 적재 공간이 줄어들어 적재 능력도 기대에 미치지 못하고 있다는 지적이었다.

셋째, 포터와 봉고라는 강력한 대체재가 존재하고 있다는 점이다. 기존 1톤 트럭들도 안전성이나 편의성에 결정적인 약점을 가지고 있으나 현실적인 용도나 욕구 충족은 가능하기 때문에 1톤 수요층들이 기존 차량에 집착하는 것이다. 과거 대우에서는 바넷트, 삼성상용차에서는 야무진이라는 브랜드로 1톤 트럭 시장에 진입했으나 포터와 봉고가 강력하게 장악하고 있는 1톤 시장에 뿌리를 내리지 못했다. 이것은 수요층이 포터나 봉고를 1톤 트럭의 정형으로 받아들인다고 해석할 수도 있는 대목이었다.

넷째, 내부 고객인 영업 현장을 설득하지 못했다는 점이다. 자동차는 고가의 내구재로 관여도가 높은 제품이기 때문에 영업사원의 판매 영향력이 큰 제품이라고 할 수 있다. 영업 현장의 직원들이 리베로를 적극적으로 판매할 수 있도록 다양한 인센티브가 제공되지 못했던 것이다. 초기 판매가 부진하자 판촉 부문에서 리베로보다는 판매가 수월한 포터로 판매 중점 목표를 변경했다. 이에 따라 영업 현장에서도 자연스럽게 포터 중심의 판매 전략을 추진하고 리베로에 대해서는 많은 관심을 기울일 수 없었던 것이다.

이것은 판촉 부문과 영업 현장을 제대로 설득하는 것이 마케팅의 중요한 업무라는 측면에서 고민할 필요가 있는 문제였다. 교육 정책이 아무리 바뀌어도 실효성이 없는 것은 교육 현장의 교사들을 설득하지 못하기 때문이다. 마찬가지로 판매가 늘어나는 차종은 내부 고객인 영업사원을 잘 납득시키는 모델이라고 할 수 있다.

리베로의 판매 부진은 강력한 대체재의 존재, 적재함의 문제 등이 원인인 것으로 정리되고 있다.

이러한 문제점은 마케팅 부문과 판촉 또는 판매 부문의 시각 차이에서 발생하는 것이라고 할 수 있다.

대체로 마케팅 부문은 미래 지향적이며 시장을 자신들이 원하는 방향으로 끌고 나가기를 원한다. 하지만 판촉 부문은 시장을 있는 그대로 받아들이고 현실을 인정하는 경향이 강하다. 리베로는 가격이 높아 팔리지 않는다고 단정하게 되면 판매가 쉬운 포터에만 눈길을 준다. 판촉 부문에서는 무리하게 시장을 변화시키려 하지 않고 팔리는 차를 중심으로 전략을 수행한다. 판촉 부문의 이러한 자세는 매주, 매월, 분기 등으로 판매 실적을 체크하고 판매를 독려하는 부서의 성격상 미래에 관심을 쏟을 수 없기 때문에 나온 것이다. 이에 반해 마케팅에서는 사용 만족도가 높은 상품을 판매하지 못하는 것은 영업사원과 영업 현장을 움직이도록 만드는 인센티브 제도나 판촉 전략이 없기 때문이라고 반박한다. 그래서 리베로의 판매가 부진한 것은 판촉 부분에도 일부 잘못이 있다고 주장한다.

마케팅과 판촉부서의 상반되는 주장은 공동의 목표를 향해 상호

초기 판매는 부진하지만 리베로 구입자들의 만족도가 높은 것은 판매 호전에 대한 희망을 주고 있다.

협조하지 않고는 판매가 늘어나지 않는다는 것을 보여주는 좋은 사례라고 할 수 있겠다.

다섯째, 시장조사 결과를 너무 과신했다는 점이다. 과거 리베로를 개발하기 전에 다양하고 많은 조사를 거쳤다. 그러나 그 조사 결과에 대한 해석에 보다 신중했더라면 리베로의 상품 컨셉은 달라졌을 것이기 때문이다. 결론적으로 국내 1톤 수요층의 1차 욕구는 낮은 가격과 골목길 기동성이며 안전성과 편안한 실내 공간은 2차 욕구라는 점이다. 이런 점을 고려할 때 리베로는 안전성과 편안한 실내공간을 주무기로 하는 고급 트럭을 내세우지만 1차 욕구를 충족시키기에는 부족한 컨셉이었다는 점이 한계로 지적될 수 있을 것이다.

이상의 분석은 현재까지의 상황에 대한 것이며 향후 소비자들의 선호와 시장 상황의 변화에 따라 달라질 수도 있다. 그런데 위에 거론한 여러 가지 이유로 판매가 부진함에도 불구하고 구입자들의 리베로에 대한 만족도는 아주 높게 나오고 있어 대조적이다. 리베로 구입자들은 충돌시 안전성, 넓고 편리한 실내공간, 기존 트럭에 비해 크게 개선된 승차감에 매우 만족하고 있다. 다만 구입 가격에 대한 만족도는 상대적으로 낮았다. 상품의 판매가 늘어난다는 것은 기존 구입자들의 만족도가 높아서 이들이 재구매하게 되고 다른 사람들에게 구매를 권유하기 때문이라고 할 수 있다.

리베로 구입자들의 만족도가 높다는 것은 이들의 구전 효과를 통해서 그리고 재구매를 통해서 판매가 늘어날 수 있다는 것을 의미한다. 이러한 높은 만족도는 판매 부진에 대한 비난을 듣고 있는 마케팅 부서에서는 실낱같은 희망으로 작용하고 있다. 그리고 시간이 흐르면서 판매가 더욱 늘어날 것이라는 용기를 주고 있다.

리베로는 현대자동차가 기아를 인수하고 '식스 시그마(SIX SIGMA)'라는 대대적인 품질 운동을 펼친 이후 출시된 첫 번째 모델이다. 이러한 노력의 결과가 반영되어 리베로는 출고 후 별다른 품질 문제를 일으키지 않고 있어 고무적이다. 리베로의 뒤를 이어 출시된 아반떼XD, 싼타페, 테라칸 등도 품질 문제를 일으키지 않고 있다. 이러한 품질상의 발전은 현대에 새로운 경영진이 들어선 후 가시적으로 이루어진 첫 번째 성과라는 분석이 대내·외에서 제기되고 있다.

1998년 초 EF쏘나타가 국내에 시판되었을 때 판매가 매우 부진했던 적이 있다. 너무나 앞선 스타일링이 판매 부진 사유로 지적되었다. 얼마 지나지 않아 EF쏘나타는 환경의 변화와 함께 베스트셀러로 크게 인기를 얻었다. 높은 안전성과 편안하고 넓은 실내공간을 가진 고급 차량을 선호하는 추세가 강화되고 있다.

이러한 추세는 개인택시 시장에서 200만 원 이상 고가인 삼성 SM5의 판매가 급속히 늘어나고 있는 것에서도 확인할 수 있다. 그래서 마케팅 부문에서는 지금은 판매가 저조하지만 조만간 고급 1톤 트럭인 리베로의 판매도 활성화될 것이며 이로 인해 국내 1톤 트럭 시장이 조금이나마 재편될 수 있게 되기를 기대한다.

리베로 구입자들의 높은 사용 만족도는 이러한 기대를 갖도록 만들어 주고 있다. 아토스 구입자들의 만족도는 경쟁 모델인 마티즈의 그것에 비해 낮다고 할 수 있다. 이것이 판매 부진으로 이어지는 것이다. 리베로 제품에 대한 만족도는 포터나 봉고의 그것에 비해서 월등히 높다. 그래서 리베로는 머지 않아 판매가 늘어날 것으로 예상된다. 스타렉스와 같이 미니버스 시장을 단번에 재편한 주력 모델은 아닐지라도 리베로가 국내 1톤 트럭 시장에 나름대로 굳건히 뿌리를 내릴 수는 있을 것이다.

리베로라는 단어가 가지고 있는 의미처럼 현대자동차의 게임 메이커이자 결정적인 찬스 메이커가 될 수 있는 날이 하루빨리 오기를 기대한다. 현대자동차에서도 이제 제대로 정신차리고 1톤 트럭 기사의 안전성을 생각해주는 트럭을 개발했다는 칭찬을 리베로 출고 고객으로부터 들은 적이 있다. 이와 같은 리베로 개발 의도가 많은 트럭 기사들에게 전달될 수 있었으면 좋겠다.

지피지기 자동차 마케팅

Copyight ⓒ 2001 Kim Sang Dae
Printed in Korea 2001 by People of Fresh Mind Publishing Co., Ltd.

지은이/김상대
펴낸이/이재욱
펴낸곳/(주)새로운사람들

초판 1쇄/2001년 5월 17일

등록일/1994. 10. 27.
등록번호/제2-1852호
주소/110-110 서울 광화문우체국 사서함 786호
110-210 서울 종로구 화동 62번지 안송빌딩 201호
내표전회/739-3330 · 팩스/739-3421
이메일/ssbooks@chollian.net · cbam@korea.com
홈페이지/www.ssbooks.co.kr · www.ebamkorea.com

값 8,800원
ISBN 89-8120-175-7(13320)

■ 잘못된 책은 바꿔드립니다.